应用技能型院校“十四五”规划教材
立体化校企合作财经教材

出纳实务

（第二版）

立体化校企合作财经教材编委会

林云刚／主编
汤春凤　董丁丁　曹久庆／副主编

立信会计出版社
LIXIN ACCOUNTING PUBLISHING HOUSE

图书在版编目(CIP)数据

出纳实务 / 林云刚主编. —2 版. —上海 ：立信会计出版社，2023.1(2025.1 重印)

ISBN 978 - 7 - 5429 - 7240 - 8

Ⅰ. ①出… Ⅱ. ①林… Ⅲ. ①出纳—会计实务 Ⅳ. ①F233

中国国家版本馆 CIP 数据核字(2023)第 004743 号

策划编辑　王斯龙
责任编辑　王斯龙
美术编辑　吴博闻

出纳实务(第二版)

CHUNA SHIWU

出版发行	立信会计出版社		
地　　址	上海市中山西路 2230 号	邮政编码	200235
电　　话	(021)64411389	传　　真	(021)64411325
网　　址	www.lixinaph.com	电子邮箱	lixinaph2019@126.com
网上书店	http://lixin.jd.com		http://lxkjcbs.tmall.com
经　　销	各地新华书店		

印　　刷	常熟市人民印刷有限公司		
开　　本	787 毫米×1092 毫米	1/16	
印　　张	15		
字　　数	350 千字		
版　　次	2023 年 1 月第 2 版		
印　　次	2025 年 1 月第 4 次		
书　　号	ISBN 978 - 7 - 5429 - 7240 - 8/F		
定　　价	45.00 元		

立体化校企合作财经教材编委会

（按姓氏笔画排名）

第二版前言

Preface

课程改革已成为应用技能型人才培养的核心问题。教材体系的重建、教材内容的重组、教学情境的改造和课堂方式的转变,是课程改革确立的基本理念。出纳工作是财务工作的起点,出纳人员担负着会计核算的基础工作,出纳岗位往往是财会类专业学生从事财务工作的初始岗位。基于此,我们探索性地编写了本教材,旨在帮助财会类专业学生快速掌握和提升专业知识水平、操作能力,从而使其具备上岗就能顶岗的职业能力。

本教材具有以下特点:

(1) 突破了以学科体系为主的传统教材模式,构建了体现岗位职业能力的模块教学体系。

(2) 以“填制凭证”的通识型核算为基础,具有实战性。

(3) 配套丰富精美的课程资源,便于读者扫描二维码在线学习观看。

本教材汲取了相关理论研究和实务改革的最新成果。经过编者的精心编写,本教材的结构更加合理、内容更加新颖、语言更加精练、表述更加准确,是一本科学、规范、实用的教科书。

本教材由林云刚担任主编,汤春凤、董丁丁、曹久庆担任副主编。其中,项目1、项目2由董丁丁编写,项目3、项目4、项目5由林云刚编写,项目6由胡艳编写,项目7由汤春凤编写,附录项目实训由曹久庆编写。栾良军(江苏公勤会计师事务所副所长)、徐卫东(江苏硕世生物科技股份有限公司财务总监)对本教材的编写提出了许多宝贵的、有建设性的指导意见,谨在此表示诚挚的谢意。

为了方便教师教学,本教材配有电子教案、教学指南及习题答案等教学资源。由于编者水平有限,书中难免有不足之处,恳请读者提出宝贵意见,以便我们及时更正。

编　者

Contents 目录

项目1

出纳相关知识与出纳工作交接

模块1　出纳相关知识

问题1：什么是出纳?

所谓“出”即支出，而“纳”即收入。从专业角度来讲，出纳是按照有关规定和制度，办理本企业的现金收付、银行结算，登记日记账，保管库存现金、财务印章及相关票据等工作的总称。

出纳与会计联系紧密但又有所区别。在日常工作中，财务的管理工作分为两部分：一部分是管账，即核算和监督钱财的收入与使用；另一部分是管钱，即负责货币的收入与付出。前者是会计工作，后者是出纳工作。

问题2：出纳工作有哪些特点?

出纳工作是财务工作的重要组成部分，它具有一般会计工作的属性，但又不同于一般会计工作，有其自身的工作特点，具体表现在以下几个方面：

(1) 专业性。出纳工作作为一项重要的财务工作，有其专门的操作技术和工作规则。例如，如何填制、审核会计凭证；如何登记现金日记账和银行存款日记账；如何编制银行存款余额调节表；如何收付现金、报销费用；如何签发支票、办理银行结算；如何使用保险柜；如何保管票据、印鉴；如何使用计算机、点钞机、验钞机；等等。因此，作为一名出纳人员，要做好出纳工作，必须加强业务学习，参加职业培训，不断更新知识，熟练使用现代化办公用具，在实践中不断探索，逐步积累经验，掌握出纳工作的技能。

(2) 时限性。出纳工作具有很强的时限性。例如，每月要按时发放职工工资；每月要定期将企业银行存款日记账与银行对账单进行核对，编制银行存款余额调节表；及时登记现金日记账和银行存款日记账并日清月结；严格按照规定的时间签发票据等。因此，出纳人员必须具有较强的时间观念，及时办理各项业务，保证出纳工作的质量。

(3) 政策性。出纳人员直接与货币资金接触，担负着现金收付、银行结算及各种有价证券保管等重要任务。出纳工作是项政策性很强的工作，每个环节都必须依照国家财经法规、制度和规定办理。例如，必须按照《现金管理暂行条例》办理现金收付业务；必须根据《支付结算办法》办理银行结算业务。因此，为做好出纳工作，必须熟悉并掌握相关的政策、法规、制度。

问题3：出纳工作有哪几种组织形式？

合理地设置出纳机构和配备出纳人员，是保证出纳工作顺利进行的基础。《中华人民共和国会计法》（以下简称《会计法》）对设置出纳机构和配备出纳人员没有作出硬性规定，各单位可以根据自身特点、规模大小和业务繁简自行设定。以制造企业为例，大型企业可在财务处下设置出纳科，中型企业可在财务科下设置出纳室，小型企业可在财务室下配备专职出纳员。出纳员的设置也要以业务需要为原则，既要满足出纳工作量的需要，符合内部牵制原则，又要避免徒具形式、人浮于事的现象。通常可以采用一人一岗、一人多岗、一岗多人等几种形式。

（1）一人一岗。规模不大的单位，出纳工作量不大，可设置专职出纳员一名。这是最为常见的形式。

（2）一人多岗。规模较小的单位，出纳工作量较小，可设置兼职出纳员一名。不具备单独设置会计机构条件的单位，至少要在有关机构中（如行政单位办公室、后勤部门等）配备兼职出纳员一名，但兼职出纳员不得兼管收入、费用、债权、债务账簿的登记及稽核工作和会计档案的保管工作。

（3）一岗多人。规模较大的单位，出纳工作量较大，可以设置多名出纳员。例如，分设管理收付的出纳员和管账的出纳员，或者分设现金出纳员和银行结算出纳员等。

问题4：出纳人员的岗位职责是什么？

出纳工作大多涉及的是现金收支和银行结算等活动，这些活动直接关系到国家、单位和个人的经济利益。出纳工作是会计核算工作的重要环节，处于“前哨”位置。出纳工作一旦发生差错，就会直接影响后续会计核算工作的准确性。为了保证会计核算工作准确、有序地进行，出纳人员必须明确自己的岗位职责，保质保量地做好出纳工作。

出纳岗位的职责主要有以下四点。

1. 严格执行现金管理和银行结算制度

（1）出纳人员应严格遵守现金开支范围和库存现金限额制度，做到日清月结。库存现金余额不得超过银行核定的限额，超过限额的现金应及时送存银行。发生超过库存现金限额的情况而被罚款的，由出纳人员负责。

注：库存现金限额是指为保证单位日常零星开支的需要，允许单位保留现金的最高数额。

库存现金限额由开户银行根据开户单位的实际需要核定。开户银行通常按开户单位3～5天的日常零星开支所需现金核定。对于远离银行或交通不便地区的单位，可适当放宽库存现金限额的核定天数，但最高不得超过15天。

库存现金限额可用下列公式计算确定：

库存现金限额 =（某月现金支付总额 − 该月支付的工资额）÷ 30 ×（3 ～ 5 或 15）

（2）出纳人员不得违反现金管理的规定编造用途从银行套取现金。

（3）出纳人员不得以“白条”（如未经领导签字批准的借款借据）抵充库存现金；不准贪污挪用现金。

（4）出纳人员应随时掌握银行存款余额，不允许签发超过银行存款余额的“空头支票”（即签发支票的金额超过银行存款的余额）。出纳人员开出空头支票发生的罚款，由出纳人员负责。

（5）出纳人员不得将“空白支票”（即未填写支付金额的转账支票）交给其他单位或个人。

（6）出纳人员不准将银行账户出租、出借给任何单位或个人办理结算业务。

2. 负责办理现金收支和银行结算业务

（1）会计审核人员签章的收付款凭证经出纳人员复核后，才能作为办理现金收支及银行结算业务的依据。出纳人员复核的内容主要包括核对原始凭证和记账凭证的会计事项是否一致，金额是否相符，内容是否真实。复核无误后再办理付款手续。

（2）收付款业务办理完毕，要及时在收付款凭证上签章，并加盖“收讫”或“付讫”戳记，防止重复记账。

（3）开错的支票，必须加盖“作废”戳记，连同存根一起保存；支票遗失时，应立即向银行办理挂失手续，并通知相关单位。

（4）对重大的开支项目，如固定资产更新改造、改扩建工程款支出等，须经会计主管人员、总会计师或单位领导审核后，再办理付款手续。

3. 负责登记现金、银行存款日记账

（1）出纳人员根据已办理完毕的收付款凭证，逐笔序时登记现金日记账和银行存款日记账，每日终了时应结出余额。出纳人员应核对现金日记账余额与实际库存现金，如发现短缺或溢余，应立即查找原因，做到账实相符。出纳人员应核对银行存款日记账余额与银行对账单，定期编制银行存款余额调节表，使银行存款日记账余额与银行对账单余额调节相符；对于未达账款，出纳人员要及时查询。

（2）对于现金和银行存款收支业务较多的单位，领导或相关管理部门需要掌握每日现金和银行存款情况的，出纳人员还应于每日终了时根据现金日记账和银行存款日记账分别编制现金日报表和银行存款日报表，以分别反映现金和银行存款的收、支、存情况。

（3）加强内部牵制制度，贯彻钱账分管原则。出纳人员除自行填制从银行提取现金或向银行存入现金的收付款凭证外，不得填制其他会计事项的收付款凭证，也不得兼办收入、费用、债权和债务等账簿的登记、稽核和会计档案的保管工作。

4. 负责保管库存现金、有价证券、各种票据和相关印章

（1）出纳人员应妥善保管库存现金及各种有价证券，要注意保管好保险柜钥匙，离开岗位时做到人走柜锁，不得将钥匙随意交付他人。对保险柜密码，出纳人员应保守秘密。

（2）出纳人员应妥善保管空白支票、空白收据，并设立支票、收据领用登记簿，及时办理领用、注销手续。

（3）出纳人员应妥善保管收讫和付讫等印章，各种印章必须严格按规定使用。

（4）出纳人员应核对外埠存款，并及时清理结算或收回。

(5) 出纳人员对上级主管部门，财政、税务、审计、银行和工商等部门的财务检查，要提供有关资料，如实反映，不得弄虚作假。

问题5：出纳人员应具备哪些素质?

出纳工作是一项重要的会计基础工作，出纳人员相对于其他会计人员来讲，有其特殊性，具体表现在：出纳人员每天要与成千上万元现金打交道。在这种情况下，出纳人员如果没有良好的职业道德，没有较高的政策水平，没有熟练的业务技能，很难适应单位的出纳工作。为此，出纳人员必须具备以下素质。

1. 具有良好的职业道德

会计职业道德是会计人员在职业活动中应当遵循的、体现会计职业特征的、调整会计职业关系的职业行为准则和规范。它主要包括以下五个方面的内容：

(1) 爱岗敬业。爱岗敬业是会计职业道德的基础。出纳人员应该热爱本职工作，安心本职岗位，全身心投入会计事业；努力钻研业务，勤学多思，勤练多问，使自己的知识和技能适应所从事工作的要求；忠于职守，不怕吃苦，不计较个人得失，始终保持"对工作极端负责"的工作态度。

(2) 廉洁自律。廉洁自律是会计职业道德的前提。出纳人员直接掌管一个单位的现金和银行存款，有方便的条件和较多的机会将公款据为己有或挪作他用，每时每刻都在经受着金钱的诱惑。在目前已经揭露的经济犯罪案件中，出纳人员利用职务之便贪污舞弊、监守自盗的案件屡见不鲜。因此，出纳人员必须具备良好的职业道德，树立正确的人生观和价值观，遵纪守法，清正廉洁，公私分明，不贪不占，保持廉洁自律的优秀品质。

(3) 客观公正。出纳人员在工作过程中，必须遵守各种法律、法规、准则和制度，依法办事；保持客观公正的态度，实事求是，不偏不倚，力求做到客观、公平、诚实、可信；在自己的工作权限内，坚持原则；正确处理国家、单位和个人的利益关系，自觉抵制各种不正之风，保护单位合法权益不受侵犯。

(4) 强化服务。强化服务就是要求出纳人员具有文明的服务态度、强烈的服务意识和优良的服务质量。出纳人员对任何服务对象都要做到态度温和、语言文明、服务对象、尊重事实、彬彬有礼、谦虚谨慎、以理服人。只有这样，出纳人员才能履行好出纳岗位的职责，做好出纳岗位的工作。

(5) 保守秘密。出纳人员应保守本单位的商业秘密，除法律规定和单位同意外，出纳人员不得私自向外界提供或泄露本单位的会计信息。

2. 具有较强的政策水平

出纳人员要做好出纳工作，必须了解、熟悉和掌握国家有关会计、财税、金融法规和各项会计制度。出纳人员每天处理大量的现金、票据并进行收付结算，哪些结算方式不宜采用、哪些票据不能报销、哪笔金额不能支付等，都必须以相关的法律、法规为依据。因此，出纳工作是一项政策性很强的管理工作。作为一名出纳人员，要做好出纳工作，就必须加强学习，了解、熟悉和掌握现行的政策法规和各种会计制度，不断提高自己的政策水平，遵守财务制度，严格财经纪律，为企业把关守口。

3. 具有熟练的专业技能

出纳工作是一项思想性、政策性和技术性并重的工作。出纳人员除了具备良好的职业道德和较强的政策水平外，还必须有熟练的专业技能，如打算盘、点钞票、签发票据、办理结算、报销费用、操作计算机等。出纳人员每天要面对大量的费用报销、票据签发和现金收付等事项，这就需要出纳人员具有较强的业务处理能力、较快的计算速度和较高的准确性。为此，出纳人员要增强提高专业技能的自觉性和紧迫感，主动求知、求学，坚持不懈地学习会计知识，提高专业技能，提高业务水平。只有这样，出纳人员才能适应出纳岗位的工作。

模块 2　出纳工作交接

我国《会计法》第四十一条规定："会计人员调动工作或者离职，必须与接管人员办清交接手续。一般会计人员办理交接手续，由会计机构负责人(会计主管人员)监交；会计机构负责人(会计主管人员)办理交接手续，由单位负责人监交，必要时主管单位可以派人会同监交。"出纳人员属于会计人员，因此出纳人员的交接要按会计人员交接的规定进行。

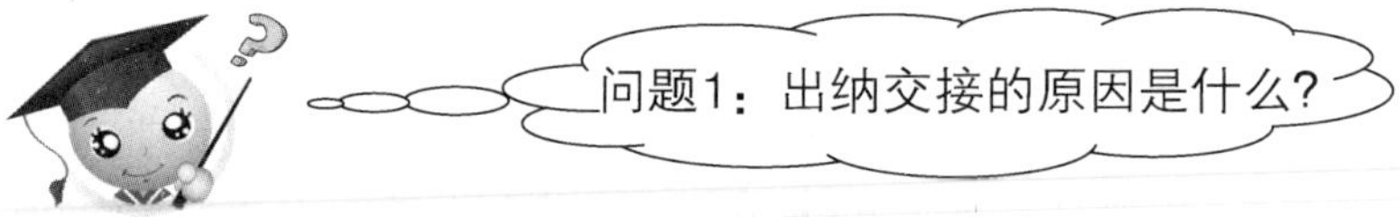

出纳人员办理交接手续的主要原因有以下八个方面：

(1) 出纳人员因辞职、调动而离开单位。

(2) 出纳人员因企业内部工作变动而不再担任出纳职务。

(3) 出纳人员因出纳岗位轮岗而调换到会计岗位。

(4) 出纳岗位因内部增加或减少工作人员而进行重新分工。

(5) 出纳人员因病假、事假或临时调用而不能继续从事出纳工作。

(6) 出纳人员因特殊情况(如停职审查等)，按规定不宜继续从事出纳工作。

(7) 上述出纳人员回到原出纳岗位恢复工作。

(8) 企业因其他情况按规定应办理出纳交接，如企业解散破产、兼并、合并或分立等情况发生时，出纳人员应向接收单位或清算组办理移交。

出纳交接的具体内容主要包括以下五个方面：

(1) 业务移交，包括库存现金、银行存款、有价证券等相关业务。

(2) 账簿、凭证和票据移交，包括日记账、空白支票、支票使用登记簿、收据、其他结算凭证、银行对账单等。

(3) 银行相关物件移交，包括银行预留印鉴、网银U盾及其密码、支付密码和说明书等。

(4) 设备及用具移交，包括保险柜及钥匙、点钞机、电脑及其密码、计算器等。

(5) 印鉴及用具移交，包括现金收讫章、现金付讫章、作废章、印台、印油及印垫等。

问题3：出纳交接有哪些步骤?

出纳人员办理交接通常分为交接前的准备工作、正式办理交接手续、交接后相关事项三个步骤。

1. 交接前的准备工作

(1) 结账。出纳人员对尚未登记完的现金日记账、银行存款日记账，应登记完毕，并在最后一笔余额后加盖经办人员印章。

(2) 对账。出纳人员应做到现金日记账、银行存款日记账和库存现金、银行存款总账核对相符，现金日记账账面余额和库存现金实有数核对相符；核对银行存款日记账余额和银行对账单，并编制银行存款余额调节表。

(3) 填写未尽事项说明书。出纳人员离开时可能会存在一些未尽事项，为了保证交接的顺利，出纳人员应对未尽事项进行书面说明。

(4) 编制出纳交接书。出纳交接书应一式三份，交接双方各执一份，存档一份。一份完整有效的出纳交接书必须包括：①交接日期；②具体业务移交；③移交的会计凭证、账簿、文件；④移交的印鉴；⑤交接前后的责任划分；⑥交接书的份数等。

2. 正式办理交接手续

办理正式移交时，必须有监交人在场负责监交。出纳人员交接时，通常由企业会计机构负责人、会计主管人员负责监交工作。办理交接时，移交人员要按照移交清册逐项移交，接管人员要逐项核对点收。

3. 交接后相关事项

(1) 交接结束后，交接双方及监交人在出纳交接书上签字，并在移交清单上注明企业名称、交接日期、交接双方和监交人职务、姓名、移交清册页数及需要说明的问题和意见等。

(2) 接管人员应继续使用移交前的账簿，不得擅自另立账簿，以保证会计记录前后衔接，内容完整。

(3) 移交清册填制一式三份，交接双方各持一份，存档一份；交接双方在现金日记账、银行存款日记账启用表上添加交接时间并加盖交接人员名章。

【实例1-1】 无锡市江南股份有限公司原出纳员许佳敏因调离本单位而离岗，公司经研究决定由魏华接替其出纳岗位。2022年8月20日办理交接，其交接过程如下：

(1) 在8月20日前，由移交人许佳敏将应移交的有关出纳资料准备齐全，并编制好出纳交接书(图表1-1)。

(2) 8月20日，在监交人袁红萍监督下，移交人许佳敏按出纳交接书所列项目将准备齐全的相关资料逐一交给接管人魏华，并由魏华逐一清点、核对。

图表 1-1　出纳交接书

出纳交接书

出纳员许佳敏同志因调离本单位，经研究决定由魏华同志接任，现办理交接手续。

1. 交接日期：2022 年 8 月 20 日

2. 移交业务

(1) 库存现金：8 月 20 日账面余额 1 534 元，与实存数相符，日记账余额与总账余额相符。

(2) 库存国库券：589 000 元，经核对无误。

(3) 银行存款余额(工行)286 790 元，经编制“银行存款余额调节表”核对相符。

3. 移交的会计凭证、账簿和票据

(1) 本年度现金日记账一本。

(2) 本年度银行存款日记账一本。

(3) 空白现金支票十五张(00213458 号至 00213472 号)。

(4) 空白转账支票八张(00982356 号至 00982363 号)。

(5) 现金支票使用登记簿一本、转账支票使用登记簿一本。

(6) 空白收款收据两本。

(7) 银行对账单 1～7 月份共七份；7 月份未达账项说明一份。

4. 移交银行相关物件

(1) 网银 U 盾及密码一套。

(2) 支付密码器及说明书一件。

(3) 电子回单卡 IC 卡一张。

(4) 银行预留印鉴卡一张。

5. 移交印鉴及用具

(1) 无锡市江南股份有限公司现金收、付讫印章，银行收、付讫印章各一枚。

(2) 作废章一枚。

(3) 印台、印油及印垫各一个。

6. 移交设备及用具

(1) 保险柜一个、钥匙一把。

(2) 点钞机一台。

(3) 电脑一台及其操作密码。

(4) 计算器一个。

说明：2022 年 8 月 20 日前的出纳责任事项由许佳敏负责；2022 年 8 月 20 日起的出纳责任事项由魏华负责。以上移交事项均经交接双方认定无误。本交接书一式三份，双方各执一份，存档一份。

移交人：许佳敏　　　接管人：魏华　　　监交人：袁红萍

2022 年 *8* 月 *20* 日

(3) 双方移交完毕并无误后由移交人许佳敏、接管人魏华和监交人袁红萍在移交清册上签名盖章。移交人许佳敏和接管人魏华在现金日记账和银行存款日记账扉页接交记录上签字(图表 1-2、图表 1-3)。

图表 1-2　相关账簿接交表

江苏省财政厅监制

账簿启用及接交表

单位名称	无锡市江南股份有限公司								印鉴	
账簿名称	现金日记账　（第 三 册）								无锡市江南股份有限公司财务专用章	
账簿编号										
账簿页数	本账簿共计 *100* 页（账簿页数检点人盖章）许佳敏									
启用日期	*2022* 年 *06* 月 *30* 日									
经管人员	单位主管		财务主管		复核		记账			
	姓名	盖章	姓名	盖章	姓名	盖章	姓名	盖章		
	洪凯生	洪凯生	袁红萍	袁红萍	龚丽	龚丽	许佳敏	许佳敏		
接交记录	经管人员		接管				交出			
	职别	姓名	年	月	日	盖章	年	月	日	盖章
	出纳	许佳敏					*2022*	*08*	*20*	许佳敏
	出纳	魏华	*2022*	*08*	*20*	魏华				
备注										

图表 1-3　相关账簿接交表

江苏省财政厅监制

账簿启用及接交表

单位名称	无锡市江南股份有限公司								印鉴	
账簿名称	银行存款日记账　（第 二 册）								无锡市江南股份有限公司财务专用章	
账簿编号										
账簿页数	本账簿共计 *100* 页（账簿页数检点人盖章）许佳敏									
启用日期	*2022* 年 *07* 月 *24* 日									
经管人员	单位主管		财务主管		复核		记账			
	姓名	盖章	姓名	盖章	姓名	盖章	姓名	盖章		
	洪凯生	洪凯生	袁红萍	袁红萍	龚丽	龚丽	许佳敏	许佳敏		
接交记录	经管人员		接管				交出			
	职别	姓名	年	月	日	盖章	年	月	日	盖章
	出纳	许佳敏					*2022*	*08*	*20*	许佳敏
	出纳	魏华	*2022*	*08*	*20*	魏华				
备注										

模块 3　出纳必备技能

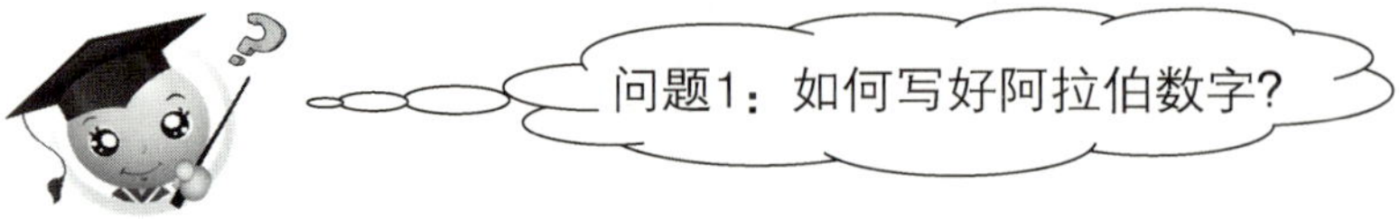

在幼儿园、小学时代，我们就已经学习了如何书写阿拉伯数字，但会计人员书写的阿拉伯数字与一般人员书写的阿拉伯数字有明显的区别，有其特定的书写要求。

在有金额分位格的账表凭证上，阿拉伯数字手写体字样如图表 1-4 所示。

图表 1-4　阿拉伯数字手写体字样

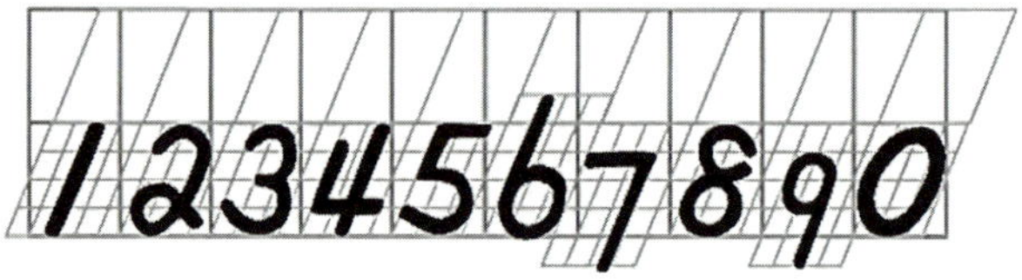

（1）书写数字应由高位到低位，从左至右，不可潦草、模棱两可，不得连笔写。

（2）账表凭证上书写的阿拉伯数字应使用斜体，斜度为 60°左右。

（3）数字高度以约占账表、凭证金额分位格的 1/2 为宜。

（4）除“7”和“9”上低下半格的 1/4、下伸次行上半格的 1/4 外，其他数字都要靠在底线上书写，不得悬空。

（5）“0”要写为椭圆形，下笔要由右上角按逆时针方向画出。

（6）“1”应居中且不可写得过短。

（7）“4”的顶部不封口，写“∠”时应上抵中线，下至下半格的 1/4 处，中竖斜度应为 60°。

（8）“6”的上半部分应斜伸出上半格的 1/4 的高度。

（9）写“8”时，上边要稍小，下边应稍大，注意起笔应写成斜“S”形，终笔与起笔交接处应有棱角。

（10）在没有数位线的情形下，数字书写的整数部分，由左至右按“三位一节”用分节号分开或空一个字符位置，便于读数和汇总计算。

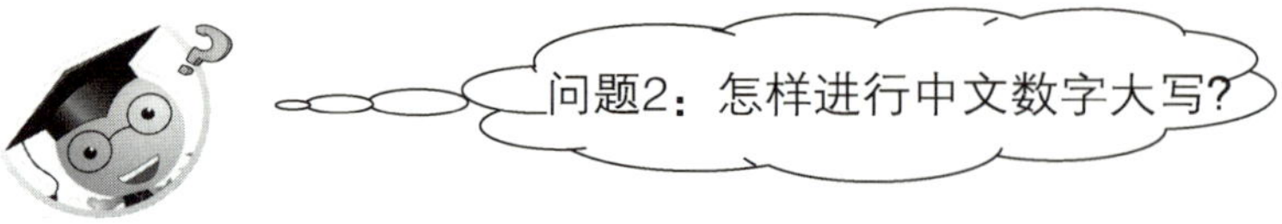

在原始凭证上，经常需要使用中文数字的大写，中文数字大写应符合以下四点要求：

（1）用正楷字体或行书字体书写。不得任意自造简化字。大写金额数字到“元”位或“角”位为止的，在“元”或“角”字之后应写“整”字或“正”字；大写金额数字有“分”位的，“分”

字后面不写“整”或“正”字。

（2）“人民币”与数字之间不得留有空位。有固定格式的重要凭证，大写金额栏通常都印有“人民币”字样，书写时，金额数字应紧接在“人民币”后面，在“人民币”与大写金额数字之间不得留有空位；大写金额栏没有“人民币”字样的，应在大写金额数字前填写“人民币”三字。

（3）有关“零”的写法。在填写重要凭证时，为了增强金额数字的准确性和可靠性，需要同时书写小写金额和大写金额，且两者必须相符。当小写金额数字中有“0”时，大写金额应根据“0”所在的位置书写。

A. 金额数字尾部的“0”，无论是有一个还是有连续几个，大写金额到非零数位后，都用一个“整(正)”字结束，不需要用“零”来表示。

【实例1-2】 小写金额¥7.60，大写金额应写为：人民币柒元陆角整。

【实例1-3】 小写金额¥800.00，大写金额应写为：人民币捌佰元整。

B. 对于小写金额数字中间有“0”的，大写金额数字应按照汉语语言规律、金额数字构成和防止涂改的要求进行书写。对不同情况的举例说明如下。

第一种情况：小写金额数字中间只有一个“0”的，大写金额数字要写为“零”字。

【实例1-4】 小写金额¥506.74，大写金额应写为：人民币伍佰零陆元柒角肆分。

第二种情况：小写金额数字中间连续有几个“0”的，大写金额数字可以只写一个“零”字。

【实例1-5】 小写金额¥3 002.36，大写金额应写为：人民币叁仟零贰元叁角陆分。

第三种情况：小写金额数字元位是“0”，或者数字中间连续有几个“0”，元位也是“0”，但角位不是“0”时，大写金额数字中间可以只写一个“零”字，也可以不写“零”字。

【实例1-6】 小写金额¥9 560.40，大写金额应写为：人民币玖仟伍佰陆拾元零肆角整或人民币玖仟伍佰陆拾元肆角整。

【实例1-7】 小写金额¥120 000.45，大写金额应写为：人民币壹拾贰万元零肆角伍分；人民币壹拾贰万元肆角伍分。

第四种情况：小写金额数字角位是“0”而分位不是“0”时，大写金额“元”字后必须写“零”字。

【实例1-8】 小写金额¥839.03，大写金额应写为：人民币捌佰叁拾玖元零叁分。

（4）小写金额数字“1”开头的别丢“壹”字。当数字首位是“1”时，中文前面必须写上“壹”字。

【实例1-9】 小写金额¥17.68，大写金额应写为：人民币壹拾柒元陆角捌分。

【实例1-10】 小写金额¥140 000.00，大写金额应写为：人民币壹拾肆万元整。

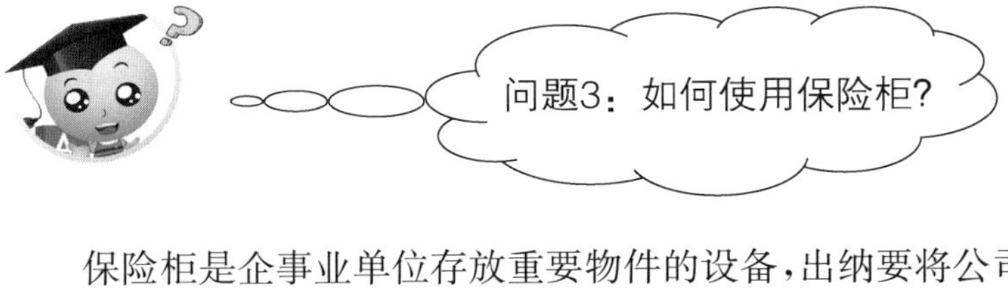

保险柜是企事业单位存放重要物件的设备，出纳要将公司的现金、单据、空白支票、相关印章等重要物件放入公司保险柜中，以确保自己所掌管的资金及重要物件的安全性。

保险柜一般放在出纳附近而且比较隐蔽的地方，方便其使用。出纳在使用保险柜时必须谨慎、细致。如果要离开办公室，出纳就需要把钥匙拔下来随身携带。开启保险箱一般需要同时使用钥匙和密码。

1. 保险柜钥匙的保管

保险柜钥匙一般配有两把，出纳保管一把，便于日常开、锁保险柜；财务经理保管一把，在出纳丢失钥匙或出纳请假期间公司急用保险柜内物品等特殊情况下使用。未经财务经理同意，出纳不得随便将保险柜钥匙交由他人保管。若出纳不慎将保险柜钥匙丢失，要及时向财务经理汇报，同时马上换锁，保证保险柜内财务安全。

2. 保险柜密码的保管

出纳输入开启密码时，应当回避他人，用一只手挡住；使用保险柜后要及时上锁，不得在保险柜未关好前远离保险柜或进行其他工作。出纳应对保险柜密码严格保密，不得向他人泄露。新出纳上岗应及时更换新的密码。

3. 保险柜内的物品存放

出纳应将其使用及保管的现金、单据、空白支票、公司印鉴等重要物品放入保险柜。保险柜内物品要分类分格摆放，票据和单证放在最上层一格，现金分币别整理捆扎后单独放在最下层一格，硬币可用一格小铁罐来装。保险柜内存放的现金应设置和登记现金日记账，其他有价证券、存折、票据应按种类造册登记，贵重物品应按种类设置备查簿登记其质量、重量、金额等，所有财物应与账簿记录核对相符。

出纳私人物品不可放入保险柜中。

问题4：公司印章如何管理？

1. 印章的刻制

企业的印章在很多时候代表着企业，因此其刻制也有一定的强制规定。一般来说，企业公章、财务专用章、发票专用章须由公安局等政府部门指定的刻章单位刻制，而现金收讫、现金付讫等内部使用印章一般由企业自行刻制。

2. 银行预留印鉴

在企业众多的印章中，银行预留印鉴是企业在办理各种银行业务时不可或缺的。

银行预留印鉴是企业在开户银行开户时在银行预留的印鉴，是企业在银行办理各种结算业务的身份证明。“财务专用章＋法人章”或“公章＋法人章”常配套作为企业在银行的预留印鉴。企业的银行预留印鉴应由专人保管。

3. 印章的使用

出纳工作中会使用到的印章包括公章、法人章、财务专用章、发票专用章、合同专用章、现金收讫章、现金付讫章、银行收讫章、银行付讫章、作废章等。其中后五个章通常被称为“条章”。

每个印章具有不同的用途，企业对印章的管理都会做相关规定。一般情况下，印章要存放在不同的保管人处。印章分类如图表 1-5 所示。

图表 1-5　印章分类

印 章 分 类

印章名称	用途	保管人
公章	主要使用在证明、协议、规定、介绍信、账簿启用表及财务报表等书面文件中	总经理或总经理授权的人员
法人章	主要用于银行预留印鉴和法人代表的事项	法人或法人授权的人员
财务专用章	主要用于收据、银行预留印鉴等	财务经理或者指定的人员
发票专用章	主要用于各种发票	开具发票的人员
现金收讫章	主要盖在收据上	出纳人员
现金付讫章	主要盖在凭单上	出纳人员
银行收讫章	主要盖在结算单上	出纳人员
银行付讫章	主要盖在凭单上	出纳人员
作废章	主要用于支票、发票、收据、文件等填写错误后盖章	相关人员

盖章时，务必保证印章的清晰；在要盖章的单据下面垫上软硬适中的垫子或本子；印章接触纸面后紧按住印章，防止错位移动；加盖印章的单据不要立刻覆盖其他物品，要等印章痕迹干掉后才能覆盖，以免把所盖印章弄模糊。

项目 2

原始凭证的填制和审核

模块 1　原始凭证的常识

问题1：经济业务是通过什么体现的?

经济业务是通过原始凭证体现的，如购货发票、销货发票、收据、借条等。

【实例 2-1】 无锡市江南股份有限公司 2022 年 6 月 7 日的部分原始凭证如图表 2-1 至图表 2-14 所示，你能判断出这些原始凭证分别体现了何种经济业务吗?

图表 2-1　借款单

借款申请单

2022 年 06 月 07 日

借款单位	业务员王强						
用途	出差滨海市预借差旅费						
金额（大写）人民币伍仟元整			¥5 000.00				现金付讫
还款计划	2022年 06 月 10 日						
领导批准	洪凯生	财务审批	袁红萍	部门审批	黄静	出纳付款	许佳敏
借款人	王强		备　　注				

图表 2-2　出差费用报销单

无锡市江南股份有限公司　出差费用报销单

出差事由	南京订货会	填报日期：2022年06月07日	附原始凭证　3　张

月/日	起止时间	起讫地点	车船费		途中补贴	住勤补贴		误餐补贴			旅馆费	市内交通费	行李搬运费	其他
			车次	金额	金额	天数	金额	中	晚	金额				
06/05	午 时 分 午 时 分	无锡至南京		90.00										
06/07	午 时 分 午 时 分 午 时 分	南京至无锡		90.00		2	400.00				560.00			
/	午 时 分 午 时 分	至												
支　出　小　计				180.00			400.00				560.00			

预支金额	1 200.00	应付（退 √）金额	60.00	支出金额（大写）	人民币壹仟壹佰肆拾元整

领导审核	洪凯生	财务经理	袁红萍	部门经理	夏均	报销人	刘永生

图表 2-3　收据

收　据　　No　0008759

2022年 06 月 07 日

交款单位　刘永生　　　　收款方式　现金

人民币（大写）　壹仟贰佰元整　　　　¥1 200.00

现金收讫

收款事由　还款

2022 年　06 月　07 日

二代收款凭证

单位盖章　　财务主管　　记账　　出纳　许佳敏　　审核　　经办

图表 2-4　银行单位客户专用回单

ICBC 中国工商银行单位客户专用回单　　No 963

币别：人民币　　　　2022年06月07日　　　　流水号：276544873672786961118

付款人	全 称	无锡市新区贸易有限公司	收款人	全 称	无锡市江南股份有限公司
	账 号	2043153445000563228		账 号	20431534456528932l
	开户行	中国工商银行无锡旺庄路支行		开户行	中国工商银行无锡建业支行
金 额	人民币（大写）人民币壹万贰仟伍佰元整				
凭证种类	电子转账凭证		凭证号码	2202486535	
结算方式	转账		用 途	货款	
	打印柜员：320654202 打印机构：中国工商银行无锡建业支行 打印卡号：432000000012986				

千	百	十	万	千	百	十	元	角	分
		¥	1	2	5	0	0	0	0

中国工商银行无锡建业支行 电子回单 专用章

图表 2-5　费用报销单

无锡市江南股份有限公司　费用报销单

购物（或业务往来）日期：2022年 06 月 07 日				背面附原始凭证 2 张		
内	容	发 票 号 码	单 价	数 量	金 额	
1	水费	03287298			1 000.00	
2						
3						
备注：						
实报金额（大写）人民币壹仟元整　　¥1 000.00						

领导审批	洪凯生	财务经理	袁红萍	部门经理	尤刚	报销人	张敏

图表 2-6 银行业务回单

ICBC 中国工商银行　　凭证

日期　2022年06月07日　　业务回单 （付款）

回单编号：18062000972

付款人户名：无锡市江南股份有限公司　　付款人开户行：中国工商银行无锡市建业支行

付款人账号：204315344565289321

收款人账号：4996007522876633　　收款人开户行：中国工商银行无锡 市五爱支行

金额：壹仟元整　　小写：1 000.00元

业务（产品）种类　　凭证种类：00000000　　凭证号码：00000000000000000000

摘要 ：水费　　用途：　　币种：人民币

交易机构：0110300421　　记账柜员：00018　　交易代码：45296　　渠道：网上银行

附言：

支付交易序号：61157924　　报文种类：大顾客户发起汇兑业务　　委托日期：2022 年06月07日

业务类型：普通汇兑　　指令编号：HQP14180654　　提交人：zzy01w.c.1103

本回单为第一次打印，注意重复　　打印日期：2022年06月07日　　打印柜员：8　　验证码：0ABE6CA7786

自助回单机专用章 (003)

图表 2-7 增值税专用发票

江苏省增值税专用发票　　No 03287298

发票联　　开票日期：2022年06月07日

购买方	名　　称：无锡市江南股份有限公司 纳税人识别号：31244456307453X 地址 、 电话：建业路38号 0510-85433576 开户行及账户：中国工商银行无锡建业支行204315344565289321	密码区

货物或应税劳务名称	规格型号	单位	数量	单价	金额	税率	税额
水费		吨	250	3.8835	970.87	3%	29.13
合计					¥970.87		¥29.13
价税合计（大写）	⊗壹仟元整			（小写）¥1 000.00			

销售方	名　　称：无锡市自来水总公司 纳税人识别号：91323209966333342D 地址 、 电话：无锡市通扬路 38 号 0510-82106688 开户行及账户：中国工商银行无锡通扬支行 4996007522876633	备注	无锡市自来水总公司 91323209966333342D 发票专用章

收款人：　　复核：　　开票人：陈方方　　销售方：

第三联：发票联　购买方记账凭证

图表 2-8　费用报销单

无锡市江南股份有限公司　费用报销单

购物（或业务往来）日期：2022 年 06 月 07 日				背面附原始凭证　2 张			
内　　容		发 票 号		单 价		数 量	金 额
1	业务招待费						2 500.00
2							
3							
备注：							
实报金额（大写）人民币贰仟伍佰元整				¥2 500.00			
领导审批	洪凯生	财务经理	袁红萍	部门经理	雍明	报销人	陆强

图表 2-9　增值税普通发票

江苏省增值税普通发票　　No　04787265

（全国统一发票监制章：国家税务总局）发票联

开票日期：2022年 06月 07 日

购买方	名　　称：无锡市江南股份有限公司 纳税人识别号：312444563074537X 地址、电话：建业路38号 0510-85433576 开户行及账户：中国工商银行无锡建业支行204315344565289321			密码区			
货物或应税劳务名称	规格型号	单位	数量	单价	金额	税率	税额
餐饮服务*餐饮费		次	1	2 358.49	2 358.49	6%	141.51
合计					¥2 358.49		¥141.51
价税合计（大写）	⊗贰仟伍佰元整　　（小写）¥2 500.00						
销售方	名　　称：无锡市九龙湾餐饮有限公司 纳税人识别号：91320200835934633Q 地址、电话：无锡市九龙湾 68 号　0510-65325777 开户行及账户：交通银行无锡郊区支行 323232099663338			备注	无锡市九龙湾餐饮有限公司 91320200835934633Q 发票专用章		

收款人：　　复核人：　　开票人：曹锋　　销售方：

第三联：发票联　购买方记账凭证

图表 2-10 转账支票存根

中国工商银行 转账支票存根（苏） VI0342789034
附加信息
出票日期 2022年 06月07日
收款人：无锡市九龙湾餐饮有限公司
金　额：￥2 500.00
用　途：餐饮费
单位主管 洪凯生　会计 龚丽

图表 2-11 费用报销单

无锡市江南股份有限公司 费用报销单

购物（或业务往来）日期：2022年 06月 07 日					背面附原始凭证 2 张
内	容	发票号	单价	数量	金额
1	增值税				62 400.00
2	城市维护建设税				4 368.00
3	教育费附加				1 872.00
4	地方教育附加				1 248.00
备注：5月份税金					
实报金额（大写）人民币陆万玖仟捌佰捌拾捌元整			￥ 69 888.00		

总经理	洪凯生	财务经理	袁红萍	部门经理	林涛	经手人	许佳敏

图表 2-12 银行单位客户专用回单

ICBC 中国工商银行 **中国工商银行单位客户专用回单**

转账日期 2022年06月07日 凭证字号：5001281801200076232

纳税人全称 无锡市江南股份有限公司

纳税人识别号（信用代码） 31244456307453X

付款人全称：无锡市江南股份有限公司 咨询（投诉）电话： 12366

付款人账号：204315344565289321 征收机关名称（委托方）：无锡市梁溪区税务局

付款人开户银行：中国工商银行无锡建业支行 收缴国库（银行）国家金库无锡市梁溪支库

小写（合计）金额：￥62 400.00 缴款书流水号：30651876549977228887 76221

大写（合计）金额：人民币陆万贰仟肆佰元整 税票号码：320283230001 24389

税（费）名称：	所属时间	实缴金额
增值税	20220501—202205031	62 400.00

图表 2-13 银行单位客户专用回单

ICBC 中国工商银行 **中国工商银行单位客户专用回单**

转账日期 2022年06月07日 凭证字号：5001281801200076232

纳税人全称 无锡市江南股份有限公司

纳税人识别号（信用代码） 31244456307453X

付款人全称：无锡市江南股份有限公司 咨询（投诉）电话：12366

付款人账号：204315344565289321 征收机关名称（委托方）：无锡市梁溪区税务局

付款人开户银行：中国工商银行无锡建业支行 收缴国库（银行）国家金库无锡市梁溪支库

小写（合计）金额：￥7 398.00 缴款书流水号：306518765499772288877 6236

大写（合计）金额：人民币柒仟叁佰玖拾捌元整 税票号码：32028323000124402

税（费）名称：	所属时间	实缴金额
城市维护建设税	20220501—202205031	4 368.00
教育费附加	20220501—202205031	1 782.00
地方教育附加	20220501—202205031	1 248.00

图表 2-14　电子缴税凭证

中华人民共和国

电子缴税(费)凭证

打印日期:2022-06-07　　　　　　　　　　　　　　　　税　042019 04533298

纳税人代码	31244456307453X	主管税务机关	无锡市梁溪区税务局第二税务分局
纳税人全称	无锡市江南股份有限公司	开户银行	中国工商银行无锡城南支行
缴款人名称	无锡市江南股份有限公司	银行账号	2043153445 65289321

电子缴款书号	征收项目名称	征收品目名称	所属时期	实缴金额	缴款日期	税款属性	国库
320220318000032872	城市维护建设税	增值税附征	2022-05-01 至 2022-05-31	4 368.00	2022-06-07	一般申报	国家金库无锡市梁溪支库
320220318000032872	教育费附加	增值税附征	2022-05-01 至 2022-05-31	1 782.00	2022-06-07	一般申报	国家金库无锡市梁溪支库
320220318000032872	地方教育附加	增值税附征	2022-05-01 至 2022-05-31	1 248.00	2022-06-07	一般申报	国家金库无锡市梁溪支库
金额合计	人民币柒仟叁佰玖拾捌元整			¥7 398.00			

注:1. 本缴款单凭证仅作为纳税人记账核算凭证使用,电子纳税的,需与银行对账单电子归缴记录核对一致方有效。纳税人如需汇总开具完税证明,请凭税务登记或身份证明到主管税务机关开具。
2. 打印此票的次日以后,方可到税务部门换开正式完税凭证。

（套印征收专用章）

国家税务总局江苏省税务局 电子回单 专用章

提示:图表 2-1:以现金支付王强预借的差旅费。
图表 2-2、图表 2-3:刘永生报销差旅费,并交回多余现金。
图表 2-4:收到无锡市新区贸易有限公司所欠货款。
图表 2-5、图表 2-6、图表 2-7:以网银支付无锡市自来水总公司水费。
图表 2-8、图表 2-9、图表 2-10:报销餐饮费,以转账支票支付。
图表 2-11、图表 2-12、图表 2-13、图表 2-14:以银行存款支付相关税费。

问题2:填制原始凭证时,对用笔有什么规定?

(1) 对需要套写的原始凭证(一式多联,需用复写纸)用圆珠笔填写(如进账单等)。
(2) 对单联的原始凭证用钢笔填写(如制造费用分配表等)。
(3) 对重要的原始凭证用碳素墨水钢笔填写(如支票等)。
(4) 有些原始凭证是计算机制作打印的(如增值税专用发票等)。

问题3:怎样填写原始凭证上的日期?

(1) 通常原始凭证上的时间采用阿拉伯数字小写,其中,1 月份和 2 月份分别写为 01

月、02 月。

(2) 重要原始凭证，如支票主体部分等，出票时间采用汉字大写，大写时，应注意月、日的书写。

A. 大写月份时，壹月、贰月、壹拾月前需加“零”，如“零壹月”“零贰月”“零壹拾月”。

B. 大写日期时，壹至玖日、壹拾日、贰拾日、叁拾日前加“零”，如“零玖日”“零贰拾日”；拾壹至拾玖日前应加“壹”，如“壹拾壹日”“壹拾玖日”。

上述做法是为了防止变造票据的出票日期。具体举例说明如下：

2022 年 1 月 5 日大写为：贰零贰贰年零壹月零伍日。

2022 年 2 月 20 日大写为：贰零贰贰年零贰月零贰拾日。

2022 年 12 月 18 日大写为：贰零贰贰年壹拾贰月壹拾捌日。

2022 年 3 月 9 日大写为：贰零贰贰年叁月零玖日。

问题4：人民币符号为什么是“¥”？

1955 年 3 月 1 日，中国人民银行发行第二套人民币时首次正式确定人民币的符号。因为人民币单位为“元”，而“元”的汉语拼音是“yuán”，所以人民币符号就采用“元”字汉语拼音字母中的第一个字母“Y”。为了防止“Y”和阿拉伯数字之间的误认和误写，就在“Y”字上加上两横而写成“¥”，读音仍为“元”。从此，我国就开始用“¥”符号表示人民币，并在书写数字金额时用它作为封头符号。

模块 2　原始凭证的填制

现以无锡市江南股份有限公司为例说明各种原始凭证的填制方法（单位名称：无锡市江南股份有限公司；基本户开户银行：中国工商银行无锡建业支行；账号：204315344565289321；法人代表：洪凯生；会计主管：袁红萍；出纳员：许佳敏）。

问题1：如何填制现金支票?

【实例 2-2】 2022 年 5 月 16 日，企业因库存现金不足，准备到银行提取备用金 5 000 元。

企业到银行提取现金应填制现金支票（图表 2-15-1 为现金支票正面，图表 2-15-2 为现金支票背面）；现金支票分为支票正本和存根两部分，支票正本是提取现金的凭证，支票存根是财务记账的依据。

图表 2-15-1　现金支票正面

中国工商银行
现金支票存根　（苏）
VI007366345

附加信息

出票日期　年　月　日

收款人：	
金　额：	
用　途：	

单位主管　会计

本支票付款期限十天

中国工商银行　现金支票（苏）　VI007366345

出票日期（大写）：　年　月　日　付款行名称：

收款人：　出票人账号：

人民币（大写）	十	万	千	百	十	元	角	分

用途

上列款项请从

我账户内支付

出票人签章　复核　记账

图表 2-15-2　现金支票背面

附加信息：

收款人签章

年　月　日

身份证名称：	发证机关：
号码	

粘贴单处

提示:现金支票的填写(图表 2-16-1、图表 2-16-2,需使用碳素墨水钢笔填写)要求如下。

(一) 正联填写规范

1. 出票日期的填写

所填日期,必须按大写日期书写规范填写。

2. 收款人的填写

收款人填写本单位名称,且必须全称。若是支付给个人的劳务费,则收款人名称应与收款人身份证姓名一致。

3. 金额的填写

要填写开票金额的大写金额和小写金额,大、小写金额必须按照金额书写规范填写,且字迹要清晰,金额要一致,阿拉伯数字前要加上“¥”符号。

4. 用途栏填写

用途栏一般填写备用金、工资、差旅费、劳务费等。

5. 背面日期填写

背面可按小写日期格式填写取现当天的日期。

(二) 存根填写规范

存根作为财务记账的依据,填写的基本信息必须与正联一致。存根中的日期用小写,收款人可使用简称,金额栏填写小写金额并在前面加“¥”。

现金支票填好后,必须在支票上(正反面)盖上单位的银行预留印鉴(财务专用章和法人代表章)。

(三) 生成密码并填入

出纳要先在公司用密码器生成密码,然后将生成的支付密码记录在其他地方,等到银行柜台后再填入。

图表 2-16-1 现金支票正面

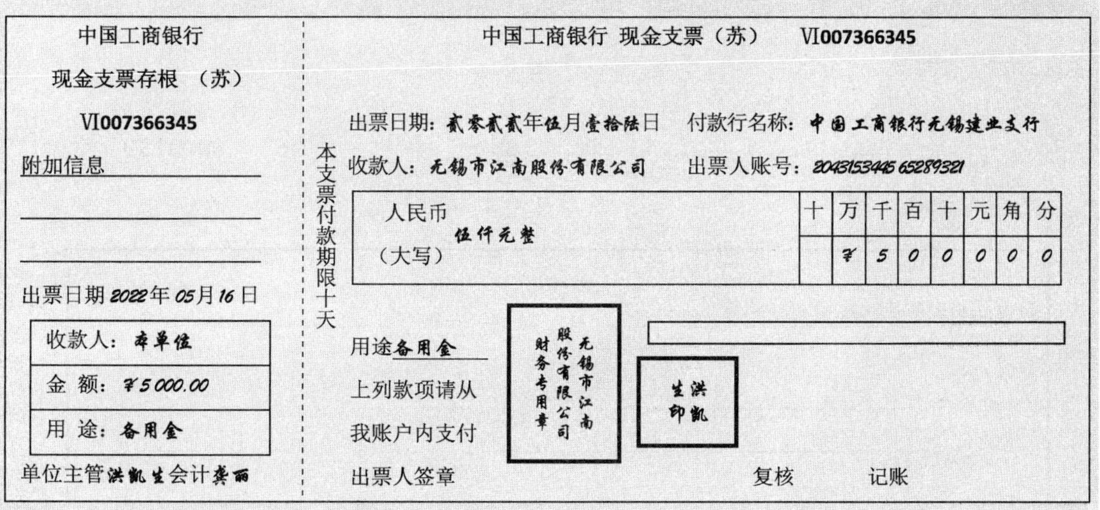
中国工商银行
现金支票存根 (苏)
VI007366345
附加信息
出票日期 2022年05月16日
收款人:本单位
金 额:¥5000.00
用 途:备用金
单位主管洪凯生 会计龚丽

中国工商银行 现金支票(苏) VI007366345
出票日期:贰零贰贰年伍月壹拾陆日 付款行名称:中国工商银行无锡建业支行
收款人:无锡市江南股份有限公司 出票人账号:2043153446 65289321
本支票付款期限十天

人民币(大写)	十	万	千	百	十	元	角	分
伍仟元整		¥	5	0	0	0	0	0

用途备用金
上列款项请从
我账户内支付
出票人签章
无锡市江南股份有限公司财务专用章
洪凯生印
复核 记账

图表 2-16-2　现金支票背面

附加信息：

无锡市江南股份有限公司财务专用章　洪凯生印

收款人签章

2022年 05 月 16 日

身份证名称：身份证　　发证机关：无锡市公安局

号码	3	2	0	2	0	2	x	y	z	w	1	2	2	6	0	3	7	4

粘贴单处

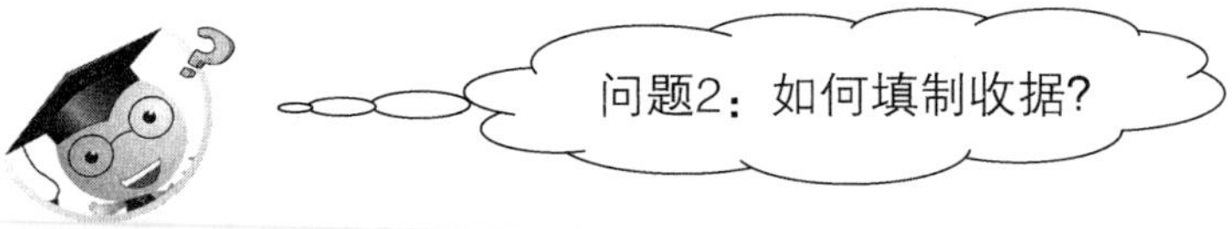

【实例 2-3】 2022 年 5 月 16 日，出纳收到业务员陆超归还备用金 3 000 元。

收到非销售业务的现金，出纳员应开具收据（图表 2-17）。收据通常为一式三联：第一联为收据存根，第二联为代收款凭证，第三联交给付款单位。

图表 2-17　收据

收　据　　　No　0008759

年　月　日

交款单位________________　　收款方式__________

人民币（大写）________________　　¥__________

收款事由________________________

年　月　日

二 代收款凭证

单位盖章　　财务主管　　记账　　出纳　　审核　　经办

提示：收据的填制，如图表 2-18 所示，需使用圆珠笔填制。

收据的填制主要有填写、盖章、使用三个步骤。

1. 填写

(1) 日期：填写收款的日期，使用小写日期即可。

(2) 交款单位：在“交款单位”后面的横线处填写付款人或付款单位名称。

(3) 收款方式：一般为现金，如果是其他结算方式，则写具体方式。

(4) 金额：填写收款的实际金额，确保大小写一致。

(5) 收款事由：在“收款事由”后面的横线处填写收款的原因。

(6) 相关人员签字：一般在出纳处签字。

2. 盖章

在客户联的收款单位处盖上财务专用章，在记账联上盖现金收讫章。

3. 使用

填写完毕、盖章后，将第二联撕给付款方，第一联存根保留在收据上备查，当日终了后，将当天开具的所有收据的第三联一并交给会计。

图表 2-18　收据

收　据　　No　0008759

2022年 05 月 16 日

交款单位 陆超　　收款方式 现金

人民币（大写） 叁仟元整　　¥3000.00

收款事由 还款

无锡市江南服饰有限公司财务专用章　　现金收讫

2022 年 05 月 16 日

二 代收款凭证

单位盖章　财务主管　记账　出纳 许佳敏　审核　经办

问题3：如何填制现金存款凭证?

【实例 2-4】　2022 年 5 月 16 日，将当日销售收入现金 2 660 元解存银行。

企业将销售收入现金解存银行应填制现金存款凭证(图表 2-19)。现金存款凭证一式两联：第一联为回单，第二联为银行留存。

图表 2-19　现金存款凭证

ICBC 中国工商银行　现金存款凭证

年　　月　　日　　　　　　编号：

存款人	全称					
	账号			款项来源		
	开户行			交款人		
金额大写				金额小写		
票面	张数	票面	张数	票面	张数	经办　复核

主管：　　授权：　　复核：　　经办：

第二联　银行留存

提示：现金存款凭证的填制，如图表 2-20 所示，需使用圆珠笔填制。

现金存款凭证的填制顺序为：填制日期→存款人全称、账号→款项来源、开户银行→人民币大写、小写→备注。

图表 2-20　现金存款凭证

ICBC 中国工商银行　现金存款凭证

2022 年 *05* 月 *16* 日　　　　编号：004746

存款人	全称	无锡市江南股份有限公司				
	账号	*204315344565289321*		款项来源	零星销售	
	开户行	中国工商银行无锡建业支行		交款人	肖敏	
金额（大写）人民币贰仟陆佰陆拾元整				金额（小写）￥*2 660.00*		
票面	张数	票面	张数	票面	张数	
100.00	*20*					
50.00	*12*					
10.00	*6*					经办　复核

主管：　　授权：　　复核：　　经办：

第二联　银行留存

问题4：如何填制转账支票?

【实例 2-5】　2022 年 5 月 16 日，无锡市江南股份有限公司采用转账支票方式支付无锡新媒体广告有限公司广告费 25 000 元（图表 2-21）。

图表 2-21　增值税专用发票

江苏省增值税专用发票　　No　04787387

发　票　联　　开票日期：2022年 05月 16日

购买方	名　　称：无锡市江南股份有限公司 纳税人识别号：31244456307453X 地址、电话：建业路38号 0510-85433576 开户行及账户：中国工商银行无锡建业支行 204315344565289321
密码区	

货物或应税劳务名称	规格型号	单位	数量	单价	金额	税率	税额
单页广告		张	25 000	1.00	23 584.91	6%	1 415.09
合计					¥23 584.91		¥1 415.09
价税合计（大写）	⊗贰万伍仟元整				（小写）¥25 000.00		

销售方	名　　称：无锡市新媒体广告有限公司 纳税人识别号：91320200835934644W 地址、电话：无锡市文良路108号 0510-53694222 开户行及账户：中国农业银行无锡惠山支行323232099666242U
备注	无锡市新媒体广告有限公司 323232099666242U 发票专用章

收款人：　　复核人：　　开票人：杨芳　　销售方：

第三联：发票联　购买方记账凭证

企业以转账支票支付广告制作费应签发转账支票(图表 2-22-1、图表 2-22-2);转账支票分为支票正本和存根两部分,支票正本交给收款单位作为办理进账的依据,支票存根连同发票及报销人填制的费用报销单作为企业入账的依据。

图表 2-22-1　转账支票正面

中国工商银行

转账支票存根（苏）

VI007366657

附加信息＿＿＿＿＿＿

出票日期　年　月　日

收款人：	
金　额：	
用　途：	

单位主管　　会计

本支票付款期限十天

中国工商银行　转账支票（苏）　VI007366657

出票日期（大写）　年　月　日　付款行名称：

收款人：　　出票人账号：

人民币（大写）	十	万	千	百	十	元	角	分

用途＿＿＿＿＿＿

上列款项请从

我账户内支付

出票人签章　　复核　　记账

图表 2-22-2　转账支票背面

附加信息：	被背书人	粘贴单处
	背书人签章 年　月　日	

提示：转账支票的填写(图表 2-23-1、图表 2-23-2，需使用碳素墨水钢笔填写)要求如下。

(一) 正联填写规范

1. 出票日期的填写

所填日期，必须按大写日期书写规范填写。

2. 收款人的填写

收款人填写本单位名称，且必须全称。若是支付给个人的劳务费，则收款人名称应与收款人身份证姓名一致。

3. 金额的填写

填写开票金额的大写金额和小写金额，大、小写金额必须按照金额书写规范填写，且字迹要清晰，金额要一致，阿拉伯数字前要加上“￥”符号。

4. 用途栏填写

填写具体的用途，如货款、广告费、餐费等。

5. 背面日期填写

背面可按小写日期格式填写取现当天的日期。

(二) 存根规范填写

存根作为财务记账依据，填写的基本信息必须与正联一致。存根中的日期用小写，收款人可使用简称，金额栏填写小写金额并在前面加“￥”。

转账支票填好后，必须在支票上(正反面)盖上单位的银行预留印鉴(财务专用章和法人代表章)。

(三) 填写支票密码

开具转账支票时，需按照电子支付器上的文字提示，输入支票类型、开票日期、金额、账号、票号即可生成密码。出纳将该密码填写到转账支票正联的密码区即可。

图表 2-23-1　转账支票正面

存根：

中国工商银行

转账支票存根（苏）

Ⅳ007366657

附加信息

出票日期 2022 年 05 月 16 日

收款人：新媒体广告有限公司	
金　额：￥25 000.00	
用　途：广告费	

单位主管 洪凯生 会计 龚丽

支票：

中国工商银行 转账支票（苏）　Ⅳ007366657

本支票付款期限十天

出票日期（大写）贰零贰贰年伍月壹拾陆日　付款行名称：中国工商银行无锡建业支行

收款人：无锡市新媒体广告有限公司　出票人账号：2043153445 65289321

人民币（大写）贰万伍仟元整	十	万	千	百	十	元	角	分
	￥	2	5	0	0	0	0	0

用途 广告费

上列款项请从

我账户内支付

出票人签章　（印章：无锡市江南股份有限公司财务专用章；洪凯生印）

复核　记账

图表 2-23-2　转账支票背面

附加信息：	被背书人	粘贴单处
	（印章：无锡市江南股份有限公司财务专用章；洪凯生印） 背书人签章 2022 年 05 月 16 日	

问题5：如何填制进账单？

【实例 2-6】　2022 年 5 月 16 日，无锡市江南股份有限公司向无锡市永乐股份有限公司销售一批装订机（图表 2-24），收到该公司签发的一张转账支票（图表 2-25）。

图表 2-24　增值税专用发票

江苏省增值税专用发票　　No　03287287

此联不作报销、扣款使用　　开票日期：2022年05月16日

购买方	名　称：无锡市永乐股份有限公司 纳税人识别号：321254456126907K 地址、电话：长江北路144号　82708456 开户行及账户：交通银行无锡城南支行　403641133433333376234				密码区			
货物或应税劳务名称	规格型号	单位	数量	单价	金额	税率	税额	
装订机		台	200	250	50 000	13%	6 500.00	
合计					50 000		6 500.00	
价税合计（大写）	⊗伍万陆仟伍佰元整　　（小写）¥56 500，00							
销售方	名　称：无锡市江南股份有限公司 纳税人识别号：31244456307453X 地址、电话：建业路38号　0510-85433576 开户行及账户：中国工商银行无锡建业支行　204315344565289321				备注	无锡市江南股份有限公司 31244456307453X 发票专用章		

收款人：　　复核人：王凯　　开票人：杨芳　　销售方：（章）

第一联：记账联　销售方记账凭证

图表 2-25　转账支票

中国工商银行　转账支票　（苏）　Ⅳ007366657

出票日期（大写）贰零贰贰年伍月壹拾陆日　付款行名称：交通银行无锡城南支行

收款人：无锡市江南股份有限公司　出票人账号：403641133433333376234

人民币（大写）	十	万	千	百	十	元	角	分
伍万陆仟伍佰元整	¥	5	6	5	0	0	0	0

本支票付款期限十天

用途　货款

上列款项请从

我账户内支付

出票人签章　　无锡市永乐股份有限公司财务专用章　　利冀印胜　　复核　　记账

企业销售产品收到购货单位的转账支票（或银行汇票）应先填制进账单（图表2-26），然后连同支票（或银行汇票）到开户银行办理进账手续。

进账单一般为一式三联：第一联为回单（开户银行交给持票人的回单），第二联为贷方凭证（收款人开户银行作为贷方凭证），第三联为收账通知（收款人开户银行交给收款人的收账通知）。

图表 2-26 进账单

ICBC 工商银行**进账单**（回单） 1

年 月 日

出票人	全 称		收款人	全 称	
	账 号			账 号	
	开户银行			开户银行	

	千	百	十	万	千	百	十	元	角	分
人民币（大写）										

票据种类		票据张数		
票据号码				
单位主管 会计 复核 记账				持票人开户银行签章

此联是收款人开户银行交给收款人的回单

提示：进账单的填制，如图表 2-27 所示，需使用圆珠笔填写。

进账单的填写应根据收付双方的信息，将收款方和付款方的相关信息填写清楚。填写内容包括日期、出票人信息、收款人信息、金额大小写、票据信息等。

图表 2-27 进账单

ICBC 工商银行**进账单**（收账通知） 3

2022年 05 月 16 日

出票人	全 称	无锡市永乐股份有限公司	收款人	全 称	无锡市江南股份有限公司
	账 号	403641133433376234		账 号	204315344565289321
	开户银行	交通银行无锡城南支行		开户银行	中国工商银行无锡建业支行

金额		千	百	十	万	千	百	十	元	角	分
人民币（大写）	伍万陆仟伍佰元整			¥	5	6	5	0	0	0	0

票据种类	支票	票据张数	1	
票据号码	786345534			
复核 记账				持票人开户行签章

此联是持票人开户银行给持票人的收账通知

问题6：如何填制托收凭证？

【实例 2-7】 2022 年 5 月 16 日，企业于 2021 年 12 月 16 日向济南市彩虹股份有限公司销售装订机取得的银行承兑汇票到期(图表 2-28)，办理汇票款托收手续。

图表 2-28 银行承兑汇票

银行承兑汇票 2　　　40207045

2056872

出票日期（大写）贰零贰壹年壹拾贰月壹拾陆 日

出票人全称	济南市彩虹股份有限公司	收款人	全　称	无锡市江南股份有限公司
出票人账号	6456464117746662		账　号	204315344565289321
付款行名称	中国建设银行济南彩虹路支行		开户银行	中国工商银行无锡建业支行

出票金额	人民币（大写）捌万伍仟元整	千	百	十	万	千	百	十	元	角	分
				¥	8	5	0	0	0	0	0

出票到期日（大写）	贰零贰贰年伍月壹拾陆日	付款行	行号	2035079027822
承兑协议编号	银承兑 201894 号		地址	中国建设银行济南彩虹路支行

本汇票请你行承兑，到期无条件付款。 济南市彩虹股份有限公司财务专用章 出票人签章	本汇票已经承兑，到期日由本行付款。 承兑行签章 中国建设银行济南彩虹路支行 2035079027822 汇票专用章 承兑日期　年　月　日	密押 复核　　记账

第一联：此联收款人开户银行随托收凭证寄付款行作借方凭证附件

出纳对到期的银行承兑汇票先在银行承兑汇票背面(图表 2-29)的背书人签章处加盖银行预留印鉴，再填制托收凭证(图表 2-30)。

图表 2-29 银行承兑汇票背面

背书人	被背书人
无锡市江南股份有限公司财务专用章　洪凯生印 背书人签章 年　月　日	背书人签章 年　月　日

图表 2-30 托收凭证

ICBC 中 国 工 商 银 行 托收凭证 （受理回单） 1

委托日期　　年　月　日　　　　　　第　号

<table>
<tr><td colspan="2">业务类型</td><td colspan="16">委托收款（□邮划、□电划）　托收承付（□邮划、□电划）</td></tr>
<tr><td rowspan="3">收款人</td><td>全 称</td><td colspan="3"></td><td rowspan="3">付款人</td><td>全 称</td><td colspan="11"></td></tr>
<tr><td>账 号</td><td colspan="3"></td><td>账 号</td><td colspan="11"></td></tr>
<tr><td>地 址</td><td>省　市</td><td>开户行</td><td></td><td>地 址</td><td>省　市</td><td>开户行</td><td colspan="9"></td></tr>
<tr><td rowspan="2" colspan="2">金 额</td><td rowspan="2" colspan="6">人民币
（大写）</td><td>千</td><td>百</td><td>十</td><td>万</td><td>千</td><td>百</td><td>十</td><td>元</td><td>角</td><td>分</td></tr>
<tr><td></td><td></td><td></td><td></td><td></td><td></td><td></td><td></td><td></td><td></td></tr>
<tr><td colspan="2">款 项
内 容</td><td></td><td>托收凭据
名　称</td><td colspan="4"></td><td colspan="3">附寄单
证张数</td><td colspan="7"></td></tr>
<tr><td colspan="2">商品发运情况</td><td colspan="6"></td><td colspan="3">合同名称号码</td><td colspan="7"></td></tr>
<tr><td colspan="4">备注：

复核　　记账</td><td colspan="4">款项收妥日期

年　月　日</td><td colspan="10">收款人开户银行签章
月　日</td></tr>
</table>

此联是收款人开户银行给收款人的受理回单

提示：托收凭证的填制，如图表 2-31 所示，需使用圆珠笔填写。

托收凭证的填写内容包括委托日期、业务类型、收款人信息、付款人信息、金额大小写、款项内容、托收凭据名称、附寄单证张数等。

托收凭证填写完毕，在第二联上加盖银行预留印鉴。

图表 2-31 托收凭证

ICBC 中国工商银行 **托收凭证** （贷方凭证） 2

委托日期 2022年 05月 16日 第 号

业务类型	委托收款（□邮划、☑电划） 托收承付（□邮划、□电划）								
收款人	全称	无锡市江南股份有限公司			付款人	全称	济南市彩虹股份有限公司		
	账号	20431534456528932l				账号	6456464117746662		
	地址	江苏省无锡市	开户行	中国工商银行无锡建业支行		地址	山东省济南市	开户行	中国建设银行济南彩虹路支行

金额	人民币（大写）捌万伍仟元整	千	百	十	万	千	百	十	元	角	分
				¥	8	5	0	0	0	0	0

款项内容	货款	托收凭据名称	银行承兑汇票	附寄单证张数	1
商品发运情况			合同名称号码		
备注 收款人开户银行收到日期 年 月 日		上列款项随附有关债务证明，请予办理。 （印章：无锡市江南股份有限公司财务专用章）（印章：洪凯生印） 收款人签章		复核 记账	

此联是收款人开户银行作贷方凭证

问题7：如何填制结算业务申请书?

【实例 2-8】 2022 年 5 月 16 日，公司业务员沈欣持经营部门主管同意的采购资金借款单（图表 2-32），要求办理银行汇票，准备前往淮北第二钢铁股份有限公司采购生铁。

图表 2-32 付款申请书

无锡市江南股份有限公司付款申请书

2022 年 05 月 16 日

用途	金额											收款单位：淮北第二钢铁股份有限公司
支付货款	亿	千	百	十	万	千	百	十	元	角	分	账号：404315363500053211
			¥	2	5	0	0	0	0	0	0	开户银行：中国农业银行淮北新区支行
金额大写（合计）	人民币贰拾伍万元整											电汇□ 转账 □ 汇票☑ 网银□

总经理	洪凯生	财务部门	经理	袁红萍	经办部门	经理	杨建
			会计	龚丽		经办人	章强

企业办理银行汇票应先填写结算业务申请书，然后持结算业务申请书前往开户银行办理并取得银行汇票（银行汇票一式四联，企业取得第二、第三联）。

结算业务申请书（图表 2-33）一式两联：第一联为银行记账凭证，第二联为客户回单。

图表 2-33　结算业务申请书

ICBC　**中国工商银行**　　**结算业务申请书**　　**No 66187654**

申请日期　　　年　　月　　日

<table>
<tr><td colspan="2">业务类型</td><td>□银行汇票□银行本票□电汇</td><td colspan="12">□转账　　　　□现金</td></tr>
<tr><td rowspan="3">申请人</td><td>全 称</td><td></td><td rowspan="3">收款人</td><td>全 称</td><td colspan="10"></td></tr>
<tr><td>账 号</td><td></td><td>账 号</td><td colspan="10"></td></tr>
<tr><td>开户行</td><td></td><td>开户行</td><td colspan="10"></td></tr>
<tr><td rowspan="2">金额</td><td colspan="4" rowspan="2">（大写）</td><td>千</td><td>百</td><td>十</td><td>万</td><td>千</td><td>百</td><td>十</td><td>元</td><td>角</td><td>分</td></tr>
<tr><td></td><td></td><td></td><td></td><td></td><td></td><td></td><td></td><td></td><td></td></tr>
<tr><td colspan="3" rowspan="2">申请人签章</td><td colspan="2">支付密码</td><td colspan="10"></td></tr>
<tr><td colspan="8">附加信息及用途</td><td colspan="4">电汇时选择
普通□
加急□</td></tr>
</table>

第二联：回单联

主管　　　　　　复核　　　　　　记账

提示：结算业务申请书的填制，如图表 2-34 所示，需使用圆珠笔填写，步骤如下。

1. 填写

结算业务申请书的填写包括申请日期、业务类型、申请人信息、收款人信息、金额大小写等。

2. 盖章

在填写完整的结算业务申请书上加盖银行预留印鉴。

3. 填入密码

出纳人员支付密码器的操作方法同转账支票相似，只是在选择业务类型时有所不同。在选择业务类型时，应选择“其他”，然后需按照电子支付器上的文字提示，输入日期、凭证号码和金额生成密码，并将该密码填到业务申请书的支付密码栏内。

图表 2-34　结算业务申请书

ICBC 中国工商银行　　结算业务申请书　　No 66187654

申请日期　2022 年 05 月 16 日

业务类型	☑银行汇票□银行本票□电汇		☑转账　□现金		
申请人	全　称	无锡市江南股份有限公司	收款人	全　称	淮北第二钢铁股份有限公司
	账　号	204315344565289321		账　号	404315363500053211
	开户行	中国工商银行无锡建业支行		开户行	中国农业银行淮北新区支行

金额	千	百	十	万	千	百	十	元	角	分
人民币（大写）人民币贰拾伍万元整		¥	2	5	0	0	0	0	0	0

申请人签章 无锡市江南股份有限公司财务专用章　洪凯生印	支付密码 附加信息及用途 申请银行汇票	电汇时选择 普通□ 加急□

主管　　复核　　记账

第一联　银行记账凭证

模块 3　原始凭证的审核

问题1：原始凭证审核的要点是什么?

1. 审核原始凭证是否合法、合理

【实例 2-9】 2022 年 6 月 5 日，业务员曹明持两张出租车发票前来报销。假定你是出纳员，请你审核出租车发票(图表 2-35、图表 2-36)，并指出其中存在的问题。

图表 2-35　出租车发票

江苏省税务局通用机打发票

发票联

发票代码 132021281213

发票号码 85439962

叫 车 热 线：88008800

运管监督电话：96196、96520

举报电话：（0510）12366

车号　B8T784

证号　05043278

日期　2022 年 06 月 05 日

上车（0630）11:30

下车　11:56

单价　2.28

里程　12.8km

等候　00:04:46

金额　32.00

图表 2-36　出租车发票

江苏省税务局通用机打发票

发票联

发票代码 132021281213

发票号码 85439963

叫 车 热 线：88008800

运管监督电话：96196、96520

举报电话：（0510）12366

车号　B8T784

证号　05043278

日期　2022 年 06 月 05 日

上车（0630）11:58

下车　12:14

单价　2.28

里程　6.8km

等候　00:02:46

金额　19.00

提示：两张出租车票是连号的，有可能报销人只乘了一次出租车，将前面乘客的车票也拿来报销了，有弄虚作假的嫌疑。

2. 审核原始凭证是否真实、完整

【实例 2-10】　2022 年 6 月 5 日，企业收到蓝天股份有限公司一张转账支票（图表 2-37），用于支付该单位所欠货款 8 500 元。假定你是出纳员，请你审核该支票，并指出其中存在的问题。

图表 2-37 转账支票

中国工商银行 转账支票 （苏） IV007366657

本支票付款期限十天

出票日期（大写）贰零贰贰年陆月零伍日 付款行名称：中国工商银行无锡市朝阳支行

收款人：无锡市江南股份有限公司 出票人账号：34315366565289765

人民币（大写）贰万伍仟元整	十	万	千	百	十	元	角	分
	¥	2	5	0	0	0	0	0

用途 广告费

上列款项请从

我账户内支付

出票人签章

蓝天股份有限公司 财务专用章

建杨 印晓

复核 记账

【实例 2-11】 2022 年 6 月 7 日，企业收到电信公司的电话费发票(图表 2-38)。假定你是出纳员，请你审核电话费发票，并指出其中存在的问题。

图表 2-38 电话费发票

江苏省增值税普通发票 No 04787265

发票联 开票日期：2022年 06 月 07 日

购买方	名 称：无锡市江南股份有限公司 纳税人识别号：312444563074 53X 地址 、 电话：建业路38号 0510-85433576 开户行及账户：中国工商银行无锡建业支行 204315344565289321	密码区	

货物或应税劳务名称	规格型号	单位	数量	单价	金额	税率	税额
电话费		次	1	1 792.45	1 792.45	6%	107.55
合计					¥1 792.45		¥107.55
价税合计（大写）	⊗壹仟玖佰元整			（小写）¥1 900.00			

销售方	名 称：无锡市钱桥餐饮有限公司 纳税人识别号：91320200835934633g 地址 、 电话：无锡市钱桥大街 77 号 0510-53325777 开户行及账户：交通银行无锡钱桥支行 32323209966458386	备注	

收款人： 复核人： 开票人：钱晓 销售方：

第三联：发票联 购买方记账凭证

提示：该发票无公司发票专用章，原始凭证不完整，属于无效的原始凭证。

3. 审核原始凭证是否正确、清楚

【实例 2-12】 企业购买一批材料，业务员持增值税专用发票前来报账。假定你是出纳员，请你审核增值税专用发票（图表 2-39），你能发现什么问题吗？

图表 2-39 增值税专用发票

全国统一发票监制章 江苏省税务局

江苏省增值税专用发票 No 25287309

发票联 开票日期：2022年06月12日

购买方	名 称：无锡市江南股份有限公司 纳税人识别号：31244456307453X 地址、电话：建业路38号 0510-85433576 开户行及账户：中国工商银行无锡建业支行 2043153445 65289321	密码区	

货物或应税劳务名称	规格型号	单位	数量	单价	金额	税率	税额
废钢		吨	300	250	75 000	13%	9 750.00
合计					¥75 000		¥9 750 .00
价税合计（大写）	⊗柒万伍仟元整 （小写）¥75 000.00						

销售方	名 称：徐州市彭城钢铁有限公司 纳税人识别号：43125445614721IN 地址、电话：中山路345号 0517-47608434 开户行及账户：江苏银行彭城支行 645646411774000452	备注	徐州市彭城钢铁有限公司 5035079027323 发票专用章

收款人：孔利 复核人：凌辉 开票人：张小芳 销售方：（章）

第一联：发票联 购买方付款记账凭证

提示：该发票的大、小写金额均未加增值税金额。

问题2：对于审核有误的原始凭证应如何处理？

（1）对于不真实、不合法、不合理的原始凭证，会计人员有权不予受理，并汇报单位负责人，追究当事人的责任，如[实例 2-9]。

（2）对于真实、合法、合理但内容不完整、填写有错误的原始凭证，会计人员应将此类凭证退回给经办人员，待更正后再办理会计手续，如[实例 2-10][实例 2-11]和[实例 2-12]。

项目3

记账凭证的填制和审核

模块 1 记账凭证的常识

问题1：会计分录、记账凭证、传票之间是什么关系？

（1）会计分录是记账凭证的简化形式。在课堂教学中为了方便教学的需要，通常将应编制的记账凭证通过编制会计分录的形式体现。

（2）记账凭证是会计分录的载体。在实际工作中，对发生的经济业务应编制记账凭证，而会计分录则是通过记账凭证上相关项目体现的。

（3）传票（会计工作中的传票）是记账凭证的简称。因为一张记账凭证编制完毕后需通过制单、复核、出纳、记账等多人之手，不断传递才完成其处理过程，所以简称为“传票”。

问题2：实际工作中企业采用哪些类型的记账凭证？

（1）规模较小、业务量较少的企业通常采用通用记账凭证，即无论收款业务、付款业务，还是转账业务，均需编制统一格式的记账凭证（图表 3-1-1 或图表 3-1-2）。

图表 3-1-1 通用记账凭证（一）

通用记账凭证

年 月 日 第 号

摘要	借方		√	贷方		√	金额							
	总账科目	明细科目		总账科目	明细科目		十	万	千	百	十	元	角	分
合 计														

附单据 张

会计主管： 记账： 复核： 出纳： 制单：

图表 3-1-2 通用记账凭证(二)

通用记账凭证

年　月　日　　　　第　号

摘要	总账科目	明细科目	√	借方金额								√	贷方金额							
				十	万	千	百	十	元	角	分		十	万	千	百	十	元	角	分
合　计																				

附单据　张

会计主管：　记账：　复核：　出纳：　制单：

(2) 规模较大、业务量较多的企业通常采用专用记账凭证，即对收款业务、付款业务、转账业务分别编制不同格式的记账凭证，进而形成了收款凭证(图表 3-2)、付款凭证(图表 3-3)和转账凭证(图表 3-4-1 或图表 3-4-2)。

图表 3-2 收款凭证

收 款 凭 证

借方科目：　　年　月　日　　____收字 第　号

摘要	贷方科目	明细科目	金　额								√
			十	万	千	百	十	元	角	分	
合　计											

附单据　张

会计主管：　记账：　复核：　出纳：　制单：

图表 3-3 付款凭证

付 款 凭 证

贷方科目：　　年　月　日　　____付字 第　号

摘要	借方科目	明细科目	金　额								√
			十	万	千	百	十	元	角	分	
合　计											

附单据　张

会计主管：　记账：　复核：　出纳：　制单：

图表 3-4-1 转账凭证(一)

转 账 凭 证

年 月 日 转字 第 号

摘要	借方		√	贷方		√	金额							
	总账科目	明细科目		总账科目	明细科目		十	万	千	百	十	元	角	分
合 计														

附单据 张

会计主管： 记账： 复核： 制单：

图表 3-4-2 转账凭证(二)

转 账 凭 证

年 月 日 转字 第 号

摘要	总账科目	√	明细科目	√	借方金额								√	贷方金额							
					十	万	千	百	十	元	角	分		十	万	千	百	十	元	角	分
合 计																					

附单据 张

会计主管： 记账： 复核： 制单：

(3) 有些企业的专用记账凭证还按收、付款方式不同，进一步分为现金收款凭证(图表3-5)、现金付款凭证(图表3-6所示)、银行收款凭证(图表3-7)、银行付款凭证(图表3-8)和转账凭证(图表3-9-1或图表3-9-2)。

图表 3-5 现金收款凭证

现金收款凭证

年 月 日 第 号

摘要	贷方科目	明细科目	金 额								√
			十	万	千	百	十	元	角	分	
合 计											

附单据 张

会计主管： 记账： 复核： 出纳： 制单：

图表 3-6　现金付款凭证

现金付款凭证

年　　月　　日　　　　　　　　第　　号

摘要	借方科目	明细科目	金额								√
			十	万	千	百	十	元	角	分	
合　计											

附单据　张

会计主管：　　记账：　　复核：　　出纳：　　制单：

图表 3-7　银行收款凭证

银行收款凭证

年　　月　　日　　　　　　　　第　　号

摘要	贷方科目	明细科目	金额								√
			十	万	千	百	十	元	角	分	
合　计											

附单据　张

会计主管：　　记账：　　复核：　　出纳：　　制单：

图表 3-8　银行付款凭证

银行付款凭证

年　　月　　日　　　　　　　　第　　号

摘要	借方科目	明细科目	金额								√
			十	万	千	百	十	元	角	分	
合　计											

附单据　张

会计主管：　　记账：　　复核：　　出纳：　　制单：

图表 3-9-1　转账凭证(一)

转账凭证

年　　月　　日　　　　　　　　　　第　　号

摘要	借方		√	贷方		√	金额							
	总账科目	明细科目		总账科目	明细科目		十	万	千	百	十	元	角	分
合　计														

附单据　张

会计主管：　　　　记账：　　　　复核：　　　　制单：

图表 3-9-2　转账凭证(二)

转账凭证

年　　月　　日　　　　　　　　　　第　　号

摘要	总账科目	√	明细科目	√	借方金额								√	贷方金额							
					十	万	千	百	十	元	角	分		十	万	千	百	十	元	角	分
合　计																					

附单据　张

会计主管：　　　　记账：　　　　复核：　　　　制单：

问题3：记账凭证是根据什么编制的？记账凭证后面必须附有原始凭证吗？

（1）记账凭证是根据审核无误的原始凭证或原始凭证汇总表编制的，但有些记账凭证是根据转账或错账更正等需要编制的。

（2）通常，记账凭证后面应附有原始凭证，但有些转账业务可不附原始凭证，如结转本年利润、错账更正等。

模块 2　记账凭证的填制

问题1：怎样处理记账凭证后面的原始凭证?

记账凭证所附的原始凭证种类繁多，为了便于日后的装订、保管和查阅，需要在将其附在记账凭证后面之前，对原始凭证进行必要的外形加工。

（1）如果原始凭证过宽过长，如铁路运单，应进行横向或纵向的折叠，使原始凭证的外形不长于或宽于记账凭证，同时应注意折叠部分不应超过记账凭证的装订线（即原始凭证的左上角不应被覆盖），以便于日后翻阅。

（2）如果原始凭证过窄过短，如公共汽车票，应粘贴在特制的原始凭证粘贴纸上，粘贴时应横向进行，从右到左，并注明各种原始凭证的张数、单价、金额，再附在记账凭证后面。

（3）如果原始凭证过厚，如过去非计算机打印的厚的火车票，应只将其表面的一层薄纸粘贴在报销凭证上。

（4）如果原始凭证过多，如领料单，可只将发料凭证汇总表附在记账凭证后面，领料单可单独装订保管。

问题2：怎样填写记账凭证的编号?

记账凭证编号的填写方法有多种。

（1）统一编号法，即将全部记账凭证按时间顺序统一编号，编为“××号”。

（2）字号编号法，即按记账凭证类别顺序编号，分别编为“现收字第××号”“现付字第××号”“银收字第××号”“银付字第××号”“转字第××号”。

（3）双重编号法，即按总字顺序编号与按类别编号相结合，如某现金收款凭证为“总字第×××号，现收字第××号”。

另外，对于一笔经济业务，若需要填制多张记账凭证，则可采用分数编号法，如记账凭证的编号“转字第 35 号”，需填两张记账凭证时，可编“转字第 35 $\frac{1}{2}$ 号”“转字第 35 $\frac{2}{2}$ 号”。

问题3：记账凭证填错了怎么办?

如果在填制记账凭证时发生差错，则应重新填制；但如果发现已经登记入账的记账凭证有错误，则应采用错账更正方法进行更正。

问题4：怎样计算和填写所附原始凭证张数?

记账凭证所附原始凭证张数计算的原则是，没有经过汇总的原始凭证，按自然张数计算，有一张算一张；经过汇总的原始凭证，每一张汇总单或汇总表算一张。例如，职工报销差旅费，共有各种车票、住宿发票等原始凭证 26 张，均应附在汇总单——差旅费报销单后面，并在差旅费报销单上注明附原始凭证 26 张，但在填制记账凭证时，所附原始凭证张数应填 1 张，即差旅费报销单。

所附原始凭证张数应用阿拉伯数字填写。

问题5：在同一项经济业务中，既有收付业务，又有转账业务，应怎样填制记账凭证?

对于这类经济业务，应分别填制收、付款记账凭证和转账凭证。例如，在本模块的[实例 3-3]中，应分别填制转账凭证和现金收款凭证，所附的原始凭证分别为差旅费报销单和收据。

问题6：对于现金、银行存款之间相互划转的业务，应填制哪一种记账凭证?

对于现金、银行存款之间相互划转的业务，如从银行提取现金或将多余现金存入银行，为了避免重复记账，只填制付款凭证，不填制收款凭证。例如，从银行提取现金时，只填制银行付款凭证；将多余的现金存入银行，只填制现金付款凭证。下面举例说明记账凭证的编制方法。

【实例 3-1】 2022 年 6 月 16 日，无锡市江南股份有限公司出纳员许佳敏已办理了相关业务，现将有关原始凭证整理后交会计龚丽编制记账凭证。有关原始凭证如图表 3-10 至图表 3-18 所示，其中，报销单后所附的原始凭证从略。请你根据下列原始凭证，分析该企业当天发生的经济业务，并填制相应的记账凭证。

图表 3-10　现金支票存根

中国工商银行 现金支票存根（苏） VI0342789034
附加信息
出票日期 2022年06月16日
收款人：无锡市江南股份有限公司
金　额：¥5 000.00
用　途：备用金
单位主管 洪凯生　会计 龚丽

图表 3-11　借款申请单

借 款 申 请 单

2022年06月16日

借款单位	供应科王强						
用　　途	出差预借差旅费						
金额（大写）人民币贰仟元整	¥2 000.00	现金付讫					
还款计划	2022年06月20日						
领导批准	洪凯生	财务审批	袁红萍	部门审批	黄静	出纳付款	许佳敏
借款人	王强		备　　注				

图表 3-12　出差费用报销单

无锡市江南股份有限公司　出差费用报销单

出差事由	南京订货会			填报日期：2022年06月16日					背面附原始凭证 9 张					
月/日	起止时间	起讫地点	车船费		途中补贴	住勤补贴		误餐补贴			旅馆费	市内交通费	行李搬运费	其他
			车次	金额	金额	天数	金额	中	晚	金额				
06/10	午 时 分 午 时 分	无锡至南京		60.00										
06/15	午 时 分 午 时 分	南京至无锡		60.00		6	120.00				450.00	60.00		
支 出 小 计				120.00			120.00				450.00	60.00		
预支金额	1 000.00	应付（退）金额	250.00		支出金额（大写）		人民币柒佰伍拾元整							
领导审核	洪凯生	财务经理	袁红萍		部门经理		夏均			报销人		刘永生		

图表 3-13　收据

收　据　　No　0008734

2022年 06 月 16 日

交款单位：陆超	收款方式：现金
人民币（大写）：壹仟元整	￥1 000.00
收款事由：还款	
	2022 年 06 月 16 日

单位盖章（无锡市江南股份有限公司财务专用章）　现金收讫

财务主管　　记账　　出纳 许佳敏　　审核　　经办

二 客户联

图表 3-14　增值税专用发票

江苏省增值税专用发票　　No　03287298

此联不作报销、扣款使用　　开票日期：2022年 06 月 07 日

购买方		密码区
	名　称：无锡市华锦集团有限责任公司	
	纳税人识别号：32120045612803TM	
	地址、电话：解放北路 88 号 0510-83708867	
	开户行及账户：中国工商银行解放路支行 2034511480665224422	

货物或应税劳务名称	规格型号	单位	数量	单价	金额	税率	税额
凭证装订机		台	1	650.00	650.00	13%	84.50
合计					￥650.00		￥84.50
价税合计（大写）	⊗柒佰叁拾肆元伍角整				（小写）￥734.50		

销售方		备注
	名　称：无锡市江南股份有限公司	（无锡市江南股份有限公司 31244456307453X 发票专用章）
	纳税人识别号：31244456307453X	
	地址、电话：建业路38号 0510-85433576	
	开户行及账户：中国工商银行无锡建业支行 20431534456528932l	

收款人：　　复核人：　　开票人：杨芳　　销售方：（章）

第一联：记账联 销售方记账凭证

图表 3-15　进账单

工商银行进账单（收账通知）

2022年 06 月 16 日　　　　　　第　　　号

出票人	全　　称	无锡市华锦集团有限责任公司	持票人	全　　称	无锡市江南股份有限公司
	账　　号	203451148066522422		账　　号	204315344565289321
	开户银行	中国工商银行无锡建业支行		开户银行	中国工商银行无锡建业支行

人民币（大写）	千	百	十	万	千	百	十	元	角	分
柒佰叁拾肆元伍角整					¥	7	3	4	5	0

票据种类	支票	中国工商银行 无锡建业支行 2022.06.16 办讫章 持票人开户行盖章
票据张数	1张	
单位主管　会计　复核　记账		

此联是持票人开户银行交给持票人的收账通知

图表 3-16　付款申请书

无锡市江南股份有限公司付款申请书

2022 年 06月 16 日

用途及情况	金　额											收款单位：无锡光线传媒有限公司
广告费	亿	千	百	十	万	千	百	十	元	角	分	账号：323232099666242　银行付讫
				¥	1	2	0	0	0	0	0	开户银行：中国农业银行无锡惠山支行
金额大写(合计)	人民币壹万贰仟元整											电汇☐　转账☐　汇票☐　网银☑　其他☐

总经理	洪凯生	财务部门	经理	袁红萍	经办部门	经理	缪洪国
			会计	龚丽		经办人	王博

图表 3-17　银行业务回单

ICBC 中国工商银行　　凭证

日期　2022 年 06 月 16 日　　业务回单　（付款）

回单编号：18062000765

付款人户名：无锡市江南股份有限公司　　付款人开户行：中国工商银行无锡建业支行

付款人账号：204315344565289321

收款人账号：323232099666242　　收款人开户行：中国农业银行无锡惠山支行

金额：壹万贰仟元整　　小写：12 000.00 元

业务（产品）种类　　凭证种类：00000000　　凭证号码：000000000000000000000

摘要：广告费　　用途：　　币种：人民币

交易机构：0110300421　　记账柜员：00020　　交易代码：45296　　渠道：网上银行

附言：

支付交易序号：61157924　　报文种类：大额客户发起汇兑业务　　委托日期：2022 年 06 月 16 日

业务类型：普通汇兑　　指令编号：HQP14180654　　提交人：zzy01w.c.1103

本回单为第一次打印，注意重复　　打印日期：2022 年 06 月 16 日　　打印柜员：8　　验证码：OABE6CA7786

（印章：中国工商银行股份有限公司无锡建业支行 自助回单机专用章 (003)）

图表 3-18　增值税专用发票

江苏省增值税专用发票　　No　05787389

发　票　联

开票日期：2022年06月16日

购买方	名称：无锡市江南股份有限公司 纳税人识别号：312444563074453X 地址、电话：建业路38号 0510-85433576 开户行及账户：中国工商银行无锡建业支行 204315344565289321				密码区		
货物或应税劳务名称	规格型号	单位	数量	单价	金额	税率	税额
广告费		个			11 320.75	6%	679.25
合计					¥11 320.75		¥679.25
价税合计（大写）	⊗壹万贰仟元整			（小写）¥12 000.00			
销售方	名称：无锡光线传媒有限公司 纳税人识别号：91320200835934622A 地址、电话：无锡市文良路108号 0510-53694222 开户行及账户：中国农业银行无锡惠山支行 323232099666242				备注		

第三联：发票联　购买方记账凭证

收款人：　　复核人：　　开票人：陈兰　　销售方：

（印章：无锡光线传媒有限公司 91320200835934622A 发票专用章）

提示:(1) 图表 3-10:从银行提取现金备用。
(2) 图表 3-11:采用现金方式支付王强预借差旅费。
(3) 图表 3-12、图表 3-13:陆超归还备用金。
(4) 图表 3-14、图表 3-15:销售产品,收到转账支票并已办妥进账手续。
(5) 图表 3-16 至图表 3-18:采用网银方式支付无锡光线传媒有限公司广告费。

1. 通用记账凭证下(采用图表 3-1-1 格式)记账凭证的填制

会计人员应审核各笔业务的原始凭证,审核无误后编制记账凭证,并将原始凭证分别附在相应的记账凭证后面。

(1) 根据图表 3-10 填制通用记账凭证(图表 3-19);附原始凭证:现金支票存根。

(2) 根据图表 3-11 填制通用记账凭证(图表 3-20);附原始凭证:借款申请单。

(3) 根据图表 3-12、图表 3-13 填制通用记账凭证(图表 3-21);附原始凭证:出差费用报销单(含各种出差票据)、收据。

(4) 根据图表 3-14、图表 3-15 填制通用记账凭证(图表 3-22);附原始凭证:增值税专用发票、进账单回单。

(5) 根据图表 3-16 至图表 3-18 填制通用记账凭证(图表 3-23);附原始凭证:无锡市江南股份有限公司付款申请书、银行业务回单、广告费发票。

图表 3-19 记账凭证

通用记账凭证

2022 年 06 月 16 日　　　　第 31 号

摘要	借方		√	贷方		√	金额							
	总账科目	明细科目		总账科目	明细科目		十	万	千	百	十	元	角	分
提现备用	库存现金	人民币		银行存款					5	0	0	0	0	0
合　计								¥	5	0	0	0	0	0

附单据 1 张

会计主管:　　记账:　　复核:　　出纳:许佳敏　　制单:龚丽

图表 3-20　记账凭证

通用记账凭证

2022 年 06 月 16 日　　　　第 32 号

摘要	借方		√	贷方		√	金额							
	总账科目	明细科目		总账科目	明细科目		十	万	千	百	十	元	角	分
借出差旅费	其他应收款	王强		库存现金	人民币				2	0	0	0	0	0
合　计								¥	2	0	0	0	0	0

附单据 1 张

会计主管：　　记账：　　复核：　　出纳：许佳敏　　制单：龚丽

图表 3-21　记账凭证

通用记账凭证

2022 年 06 月 16 日　　　　第 33 号

摘要	借方		√	贷方		√	金额							
	总账科目	明细科目		总账科目	明细科目		十	万	千	百	十	元	角	分
报销差旅费	管理费用	差旅费		其他应收款	刘永生					7	5	0	0	0
收多余款	库存现金	人民币		其他应收款	刘永生					2	5	0	0	0
合　计								¥	1	0	0	0	0	0

附单据 2 张

会计主管：　　记账：　　复核：　　出纳：许佳敏　　制单：龚丽

图表 3-22　记账凭证

通用记账凭证

2022 年 06 月 16 日　　　　第 34 号

摘要	借方		√	贷方		√	金额							
	总账科目	明细科目		总账科目	明细科目		十	万	千	百	十	元	角	分
销售产品	银行存款	基本户		主营业务收入	凭证装订机					6	5	0	0	0
	银行存款	基本户		应交税费	增值税						8	4	5	0
合　计									¥	7	3	4	5	0

附单据 2 张

会计主管：　　记账：　　复核：　　出纳：许佳敏　　制单：龚丽

图表 3-23　记账凭证

通用记账凭证

2022 年 06 月 16 日　　　　第 35 号

摘要	借方		√	贷方		√	金额							
	总账科目	明细科目		总账科目	明细科目		十	万	千	百	十	元	角	分
付广告费	销售费用	广告费		银行存款	基本户			1	1	3	2	0	7	5
	应交税费	销项税额		银行存款	基本户					6	7	9	2	5
合　计							¥	1	2	0	0	0	0	0

附单据 3 张

会计主管：　　记账：　　复核：　　出纳：许佳敏　　制单：龚丽

2. 专用记账凭证下(三种格式)记账凭证的填制

会计人员应审核各笔业务的原始凭证，审核无误后编制记账凭证，并将原始凭证分别附在相应的记账凭证后面。

(1) 根据图表 3-10 填制付款凭证(图表 3-24)；附原始凭证：现金支票存根。

(2) 根据图表 3-11 填制付款凭证(图表 3-25)；附原始凭证：借款申请单。

(3) 根据图表 3-12、图表 3-13 填制转账凭证(图表 3-26-1 或图表 3-26-2)，附原始凭证：出差费用报销单；收款凭证(图表 3-27)，附原始凭证：收据。

(4) 根据图表 3-14、图表 3-15 填制收款凭证(图表 3-28)；附原始凭证：增值税专用发票、进账单回单。

(5) 根据图表 3-16 至图表 3-18 填制付款凭证(图表 3-29)；附原始凭证：无锡市江南股份有限公司付款申请书、银行业务回单、广告费发票。

图表 3-24　付款凭证

付 款 凭 证

贷方科目：银行存款　　2022 年 06 月 16 日　　银付字 第 21 号

摘要	借方科目	明细科目	金额								
			十	万	千	百	十	元	角	分	
提现备用	库存现金	人民币			5	0	0	0	0	0	
合　计				¥	5	0	0	0	0	0	

附单据 1 张

会计主管：　　记账：　　复核：　　出纳：许佳敏　　制单：龚丽

图表 3-25 付款凭证

付 款 凭 证

贷方科目：库存现金　　　　2022年06月16日　　　　现付字 第11号

摘要	借方科目	明细科目	金额								
			十	万	千	百	十	元	角	分	
借出备用金	其他应收款	王强			2	0	0	0	0	0	
合　计				¥	2	0	0	0	0	0	

附单据1张

会计主管：　　记账：　　复核：　　出纳：许佳敏　　制单：龚丽

图表 3-26-1 转账凭证

转 账 凭 证

2022年06月16日　　　　转字第9号

摘要	借方		√	贷方		√	金额							
	总账科目	明细科目		总账科目	明细科目		十	万	千	百	十	元	角	分
报销差旅费	管理费用	差旅费		其他应收款	刘永生					7	5	0	0	0
合　计									¥	7	5	0	0	0

附单据1张

会计主管：　　记账：　　复核：　　制单：龚丽

图表 3-26-2 转账凭证

转 账 凭 证

2022年06月16日　　　　转字第9号

摘要	总账科目	√	明细科目	√	借方金额								√	贷方金额							
					十	万	千	百	十	元	角	分		十	万	千	百	十	元	角	分
报销差旅费	管理费用		差旅费					7	5	0	0	0									
	其他应收款		刘永生														7	5	0	0	0
合　计							¥	7	5	0	0	0				¥	7	5	0	0	0

附单据1张

会计主管：　　记账：　　复核：许佳敏　　制单：龚丽

图表 3-27 收款凭证

收 款 凭 证

借方科目：库存现金　　　　2022 年 06 月 16 日　　　　现收字 第 6 号

摘要	贷方科目	明细科目	十	万	千	百	十	元	角	分	
收多余款	其他应收款	刘永生				2	5	0	0	0	附单据1张
合　计					¥	2	5	0	0	0	

会计主管：　　记账：　　复核：　　出纳：许佳敏　　制单：龚丽

图表 3-28 收款凭证

收 款 凭 证

借方科目：银行存款　　　　2022 年 06 月 16 日　　　　银收字 第 26 号

摘要	贷方科目	明细科目	十	万	千	百	十	元	角	分	
销售产品	主营业务收入	凭证装订机				6	5	0	0	0	附单据2张
	应交税费	应交增值税（销项税额）					8	4	5	0	
合　计					¥	7	3	4	5	0	

会计主管：　　记账：　　复核：　　出纳：许佳敏　　制单：龚丽

图表 3-29 付款凭证

付 款 凭 证

贷方科目：银行存款　　　　2022 年 06 月 16 日　　　　银付字 第 22 号

摘要	借方科目	明细科目	十	万	千	百	十	元	角	分	
付广告费	销售费用	广告费		1	1	3	2	0	7	5	附单据3张
	应交税费	销项税额				6	7	9	2	5	
合　计			¥	1	2	0	0	0	0	0	

会计主管：　　记账：　　复核：　　出纳：许佳敏　　制单：龚丽

3. 专用记账凭证下(五种格式)记账凭证的填制

会计人员应审核各笔业务的原始凭证，审核无误后编制记账凭证，并将原始凭证分别附在相应的记账凭证后面。

(1) 根据图表3-10填制银行付款凭证(图表3-30)；附原始凭证：现金支票存根。

(2) 根据图表3-11填制现金付款凭证(图表3-31)；附原始凭证：借款申请单。

(3) 根据图表3-12、图表3-13填制转账凭证(图表3-32-1或图表3-32-2)，附原始凭证：出差费用报销单；现金收款凭证(图表3-33)，附原始凭证：收据。

(4) 根据图表3-14、图表3-15填制银行收款凭证(图表3-34)；附原始凭证：增值税专用发票、进账单回单。

(5) 根据图表3-16至图表3-18填制银行付款凭证(图表3-35)；附原始凭证：无锡市江南股份有限公司费用付款申请书、银行业务回单、广告费发票。

图表3-30 银行付款凭证

银行付款凭证

2022年06月16日 第21号

摘要	借方科目	明细科目	金额								
			十	万	千	百	十	元	角	分	
提现备用	库存现金	人民币			5	0	0	0	0	0	
合计				¥	5	0	0	0	0	0	

附单据1张

会计主管： 记账： 复核： 出纳：许佳敏 制单：龚丽

图表3-31 现金付款凭证

现金付款凭证

2022年06月16日 第11号

摘要	借方科目	明细科目	金额								
			十	万	千	百	十	元	角	分	
借出差旅费	其他应收款	王强			2	0	0	0	0	0	
合计				¥	2	0	0	0	0	0	

附单据1张

会计主管： 记账： 复核： 出纳：许佳敏 制单：龚丽

图表 3-32-1　转账凭证

转账凭证

2022 年 06 月 16 日　　　　转字第 9 号

摘要	借方		√	贷方		√	金额							
	总账科目	明细科目		总账科目	明细科目		十	万	千	百	十	元	角	分
报销差旅费	管理费用	差旅费		其他应收款	刘永生					7	5	0	0	0
合　计									¥	7	5	0	0	0

附单据 1 张

会计主管：　　记账：　　复核：　　制单：龚丽

图表 3-32-2　转账凭证

转账凭证

2022 年 06 月 16 日　　　　转字第 9 号

摘要	总账科目	√	明细科目	√	借方金额								√	贷方金额							
					十	万	千	百	十	元	角	分		十	万	千	百	十	元	角	分
报销差旅费	管理费用		差旅费					7	5	0	0	0									
	其他应收款		刘永生														7	5	0	0	0
合　计							¥	7	5	0	0	0				¥	7	5	0	0	0

附单据 1 张

会计主管：　　记账：　　复核：　　制单：龚丽

图表 3-33　现金收款凭证

现金收款凭证

2022 年 06 月 16 日　　　　第 6 号

摘要	贷方科目	明细科目	金额								
			十	万	千	百	十	元	角	分	
收多余款	其他应收款	刘永生				2	5	0	0	0	
合　计					¥	2	5	0	0	0	

附单据 1 张

会计主管：　　记账：　　复核：　　出纳：许佳敏　　制单：龚丽

图表 3-34　银行收款凭证

银行收款凭证

2022 年 *06* 月 *16* 日　　　　第 *26* 号

摘要	贷方科目	明细科目	金额							
			十	万	千	百	十	元	角	分
销售产品	主营业务收入	凭证装订机				6	5	0	0	0
	应交税费	应交增值税（销项税额）					8	4	5	0
合　计					¥	7	3	4	5	0

附单据 *1* 张

会计主管：　　记账：　　复核：　　出纳：许佳敏　　制单：龚丽

图表 3-35　银行付款凭证

银行付款凭证

2022 年 *06* 月 *16* 日　　　　第 *22* 号

摘要	借方科目	明细科目	金额							
			十	万	千	百	十	元	角	分
付广告费	销售费用	广告费		1	1	3	2	0	7	5
	应交税费	销项税额				6	7	9	2	5
合　计			¥	1	2	0	0	0	0	0

附单据 *1* 张

会计主管：　　记账：　　复核：　　出纳：许佳敏　　制单：龚丽

模块 3　记账凭证的审核和会计凭证的装订

问题1：记账凭证审核的要点有哪些？

（1）审核记账凭证后面是否附有原始凭证，记账凭证的内容同原始凭证的经济事项内容是否相符，原始凭证的张数与记账凭证和报销单上所列的张数是否相符。

（2）审核记账凭证应借、应贷会计科目是否正确。

（3）审核记账凭证的金额与所附原始凭证金额是否一致。

（4）审核记账凭证填写是否齐全，相关人员是否签名盖章。

经过审核的记账凭证，如果发现尚未登记入账的记账凭证有错误，应重新填制；但如果发现已经登记入账的记账凭证有错误，应采用错账更正方法进行更正。

下面是根据审核无误的原始凭证编制的记账凭证，如果制单员填制记账凭证后由你审核，你能发现什么问题吗？

【实例 3-2】 记账凭证如图表 3-36 所示，所附原始凭证如图表 3-37 所示。

图表 3-36 付款凭证

付 款 凭 证

贷方科目：库存现金　　　　2022 年 06 月 06 日　　　　现付字第 13 号

摘要	借方科目	明细科目	金额 十	万	千	百	十	元	角	分	√
支付差旅费	应收账款				3	0	0	0	0	0	
合　计					3	0	0	0	0	0	

附单据 1 张

单位主管：　　记账：　　复核：　　出纳：　　制单：

图表 3-37 借款申请单

借款申请单

2022年 06 月 05 日

借款单位	办公室杨影						
用途	出差预借差旅费						
金额（大写）人民币叁仟元整	¥3 000.00						
还款计划	2022年 06 月 25 日						
领导批准	洪凯生	财务审批	袁红萍	部门审批	黄静	出纳付款	许佳敏
借款人	杨影		备　注				

现金付讫

提示： 该记账凭证存在的问题有：①会计科目错误，出借差旅费应记入“其他应收款”科目；②未反映明细科目，应在明细科目中注明“备用金（杨影）”；③制单、出纳未签名（其他签名尚未到传递步骤）；④合计金额前未写人民币符号。

【实例 3-3】 记账凭证如图表 3-38 所示，所附原始凭证如图表 3-39、图表 3-40 所示。

图表 3-38 收款凭证

收 款 凭 证

借方科目：银行存款　　　　2022 年 06 月 12 日　　　　银收字第 14 号

摘要	贷方科目	明细科目	金额 十	万	千	百	十	元	角	分	√
出售打印机	主营业务收入	打印机		8	0	0	0	0	0	0	
	应交税费	应交增值税（销项税额）		1	0	4	0	0	0	0	
合计			¥	9	0	4	0	0	0	0	

附单据 1 张

单位主管：　　记账：　　复核：　　出纳：许佳敏　　制单：龚丽

图表 3-39 增值税专用发票

江苏省增值税专用发票　　No 03287311

此联不作报销、扣款使用　　开票日期：2022年 06月 11日

购买方	名称：南海区华瑞有限责任公司 纳税人识别号：231254456127357 地址、电话：向阳路 12 号 42708458 开户行及账户：中国农业银行第二营业处 435646411667332098	密码区					
货物或应税劳务名称	规格型号	单位	数量	单价	金额	税率	税额
打印机		台	200	400.00	80 000.00	13%	10 400.00
合计					¥80 000.00		¥10 400.00
价税合计（大写）	⊗玖万零肆佰元整	（小写）¥90 400.00					
销售方	名称：无锡市江南股份有限公司 纳税人识别号：312444563074537X 地址、电话：建业路38号 0510-85433576 开户行及账户：中国工商银行无锡建业支行 2043153445652893 21	备注					

第一联：记账联 销售方记账凭证

收款人：许佳敏　　复核人：王凯　　开票人：杨芳　　销售方：

图表 3-40 进账单

工商银行进账单（收账通知）

2022年 06 月 11 日　　　　　　第　号

出票人			持票人		
出票人	全　称	南海华瑞有限责任公司	持票人	全　称	无锡市江南股份有限公司
	账　号	435646411667		账　号	20431534456528932l
	开户银行	中国农业银行第二营业处		开户银行	中国工商银行无锡建业支行

人民币（大写）	千	百	十	万	千	百	十	元	角	分
玖万零肆佰元整			¥	9	0	4	0	0	0	0

票据种类	银行汇票	中国工商银行 无锡建业支行 2022.06.11 办讫章 (02)
票据张数	1张	
单位主管　会计　复核　记账		持票人开户行盖章

此联是持票人开户银行交给持票人的收账通知

> **提示**：该记账凭证存在的问题有：①金额错误，原始凭证的金额为 90 400 元，记账凭证的金额为 94 000 元；②附原始凭证的张数错误，应为 2 张。

假定上述审核有错误的记账凭证尚未登记入账，你会重新填制吗？

问题2：怎样装订记账凭证?

记账凭证装订步骤流程如图表 3-41 所示。

图表 3-41 记账凭证装订步骤流程

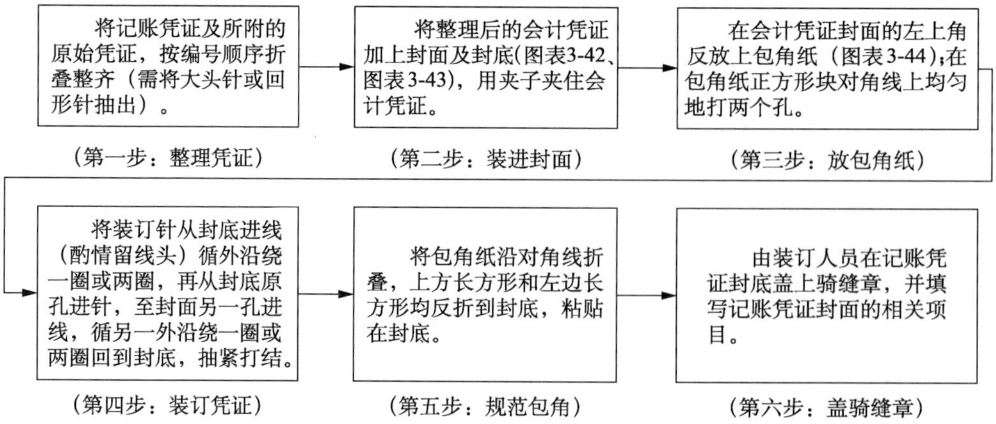

图表 3-42　凭证封面

凭 证 封 面

年　　月　　日　　　　　　　　　　编号

单位名称	
记账凭证	自　　　字第　　号　至　　　字第　　号
凭证汇总表	自　　　字第　　号　至　　　字第　　号
附　　件	
册　　数	第　　　册　共　　　册
起讫日期	自　　　年　　月　　日　至　　　年　　月　　日

财务主管：　　　　　　　　　　装订：

图表 3-43　凭证封底

时　间			记账凭证号数	事　　由	经办人签　章	财务主管签章
年	月	日				

图表 3-44　包角纸

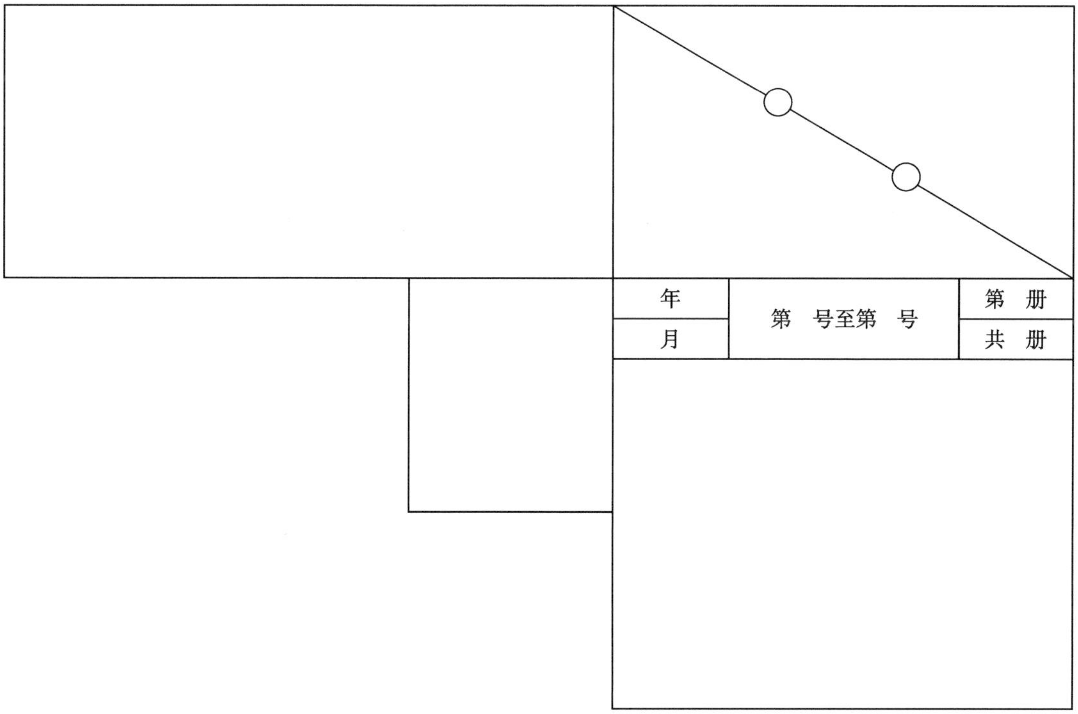

项 目 4

现金收支业务的处理

模块 1　现金收入业务的处理

问题：企业取得的现金收入业务应该如何处理？

出纳员对现金收入业务的一般处理程序如下：

(1) 核对收款依据：审核现金收入来源及有关原始凭证。

(2) 收取款项：清点现金并复点，妥善保管现金。

(3) 开具收款证明：出具收款收据并加盖“现金收讫”印章。

(出纳员待制单员编制记账凭证后登记现金日记账)

【实例 4-1】 2022 年 6 月 5 日，企业销售一批商品，售价为 1 800 元，增值税额为 234 元。购货人持销售科开具的销售发票到财务科办理结算手续，出纳员收到现金 2 034 元。增值税专用发票如图表 4-1 所示。

图表 4-1　增值税专用发票

江苏省增值税专用发票　　No　03287212

此联不作报销、扣款使用　　开票日期：2022年 06 月 05 日

购买方	名　　称：无锡市东方文具用品商场 纳税人识别号：321200456126034 地址、电话：中山北路 88 号　84708857 开户行及账户：交通银行无锡新区支行 203641138000567932				密码区		
货物或应税劳务名称	规格型号	单位	数量	单价	金额	税率	税额
打孔装订机		台	2	900.00	1 800.00	13%	234.00
合计					¥1 800.00		¥234.00
价税合计（大写）	⊗贰仟零叁拾肆元整			（小写）¥2 034.00			
销售方	名　　称：无锡市江南股份有限公司 纳税人识别号：31244456307453X 地址、电话：建业路38号　0510-85433576 开户行及账户：中国工商银行无锡建业支行 204315344565289321				备注	无锡市江南股份有限公司 31244456307453X 发票专用章	

第一联：记账联　销售方记账凭证

收款人：许佳敏　　复核人：王凯　　开票人：杨芳　　销售方：

图表 4-2　收据

收　据　　　　No　0008759

2022年 06 月 05 日

交款单位　无锡市东方文具用品商场　　　　收款方式　现金

人民币（大写）　贰仟零叁拾肆元整　　　　¥2 034.00

收款事由　货款

现金收讫

2022 年　06　月　05　日

二记账联

单位盖章　无锡市江南服饰有限公司财务专用章　　财务主管　　记账　　出纳　许佳敏　　审核　　经办

提示：出纳员对现金销售业务的处理步骤如下。

（1）出纳员审核增值税专用发票（图表 4-1）。

（2）出纳员清点现金并复点，妥善保管。

（3）出纳员在审核无误后开具收款收据（图表 4-2）。

（出纳员待制单员编制记账凭证后登记现金日记账）

【实例 4-2】　2022 年 6 月 5 日，市场部业务员雷民出差回单位归还备用金（原预借 2 000 元，报销 1 815 元），出纳员许佳敏以现金收讫。

图表 4-3　收据

收　据　　　　No　0008759

2022年 06 月 05 日

交款单位　雷民　　　　收款方式　现金

现金收讫

人民币（大写）　贰仟元整　　　　¥2 000.00

收款事由　还款

2022 年　06　月　05　日

二记账联

单位盖章　　财务主管　　记账　　出纳　许佳敏　　审核　　经办

提示：出纳员对归还备用金业务的处理步骤如下。

（1）出纳员审核现金收入来源与金额。

（2）出纳员清点现金并复点 185 元，妥善保管现金。

（3）出纳员出具收款收据并在记账联上加盖“现金收讫”印章（图表 4-3）；将客户联的收据交给雷民。

（出纳员待制单员编制记账凭证后登记现金日记账）

注:借款归还时的收据分以下三种情况:

(1) 报销金额大于借款金额,根据借款申请单金额开一张同等金额的收据,另外将差额部分的现金直接支付给报销人。

(2) 报销金额等于借款金额,则只需要开一张同借款金额一致的收据即可。

(3) 报销金额小于借款金额:①如借款人将多余部分的现金在报销时归还,则开一张与借款申请单相同金额的收据;②如借款人在报销时未将多余的现金归还,则开一张与报销金额相同的收据,未归还的金额待以后归还。

【实例 4-3】 2022 年 6 月 5 日,门市部收银员将当日销售日报表(图表 4-4)和营业款交给出纳。

图表 4-4 销售日报表

销 售 日 报 表

2022 年 06 月 05 日

编号	商品名称	单位	数量	单价	金额	核对
1001	财务装订机	台	8	1 500.00	12 000.00	
1002	凭证装订机	台	6	1 200.00	7 200.00	
1003	打孔装订机	台	3	900.00	2 700.00	
合 计					¥21 900.00	

出纳:许佳敏　　　　复核:陆超　　　　制单:陈芳

提示:出纳员对营业款收缴业务的处理步骤如下。

(1) 出纳员审核销售日报表(图表 4-4)。

(2) 出纳员清点现金并复点,与销售日报表的汇总金额核对。

(3) 出纳员在销售日报表上签章并加盖"现金收讫"章(对门市部交来的货款也可开具收据,该实例假定不开具收据)。

(出纳员待制单员编制记账凭证后登记现金日记账)

模块 2 现金支出业务的处理

问题:企业发生的现金支出业务应该如何处理?

出纳员对现金支出业务的一般处理程序如下:

（1）指导填写凭证：指导报销人员填写相关借款申请单或费用报销单并粘贴相关票据。

（2）领导审批签字：报销业务都需要经相关领导审核批准（部门经理审核→财务审核→分管领导审核）。

（3）出纳员审核盖章：出纳员审核无误后加盖现金付讫印章。

（4）出纳员清点支付：出纳员取出现金并复点后支付现金。

（出纳员待制单员编制记账凭证后登记现金日记账）

【实例 4-4】 2022 年 6 月 6 日，厂部办公室杨影持经领导批准的借款申请单（图表 4-5）来财务科借款 3 000 元，准备前往滨海市出差，出纳员以现金支付。

图表 4-5 借款申请书

借款申请单

2022年 06 月 05 日

借款单位	办公室杨影						
用途	出差滨海市预借差旅费						
金额（大写）人民币叁仟元整		¥3 000.00		现金付讫			
还款计划	2022年 06 月 12 日						
领导批准	洪凯生	财务审批	袁红萍	部门审批	黄静	出纳付款	许佳敏
借款人	杨影		备　注				

提示： 出纳员对借款业务的处理步骤如下。

（1）出纳员指导借款人杨影填写借款申请单并审核。

（2）借款人杨影分别找相关领导审批签字，借款人杨影在借款人处签字。

（3）出纳员在借款申请单上加盖“现金付讫”印章。

（4）出纳员取出现金 3 000 元并进行复点后付给杨影。

（出纳员待制单员编制记账凭证后登记现金日记账）

【实例 4-5】 财务科陆浩国报销财税咨询服务费 1 200 元，出纳员以现金支付，相关原始凭证如图表 4-6、图表 4-7 所示。

图表 4-6 费用报销单

无锡市江南股份有限公司 **费用报销单**

购物（或业务往来）日期：2022 年 06 月 05 日			背面附原始凭证 1 张		
	内　容	发票号	单价	数量	金额
1	咨询服务费				1200.00
2					现金付讫
3					
备注：					
实报金额（大写）人民币壹仟贰佰元整			¥1 200.00		

领导审批	洪凯生	财务经理	袁红萍	部门经理	尤刚	报销人	陆浩国

图表 4-7　增值税专用发票

江苏省增值税专用发票

全国统一发票监制章 江苏省税务局

No 03287298

发　票　联　　　开票日期：2022年 06 月 05 日

购买方	名　　称：无锡市江南服饰有限公司 纳税人识别号：31244456307453X 地址、电话：建业路38号 0510-85433576 开户行及账户：中国工商银行无锡建业支行 204315344565289321	密码区	

货物或应税劳务名称	规格型号	单位	数量	单价	金额	税率	税额
咨询服务费			1	1 132.08	1 132.08	6%	67.92
合计					¥1 132.08		¥67.92
价税合计（大写）	⊗壹仟贰佰元整			（小写）¥1 200.00			

销售方	名　　称：无锡市中正财税咨询有限公司 纳税人识别号：837232099663333427H 地址、电话：无锡市通扬路 38 号 0510-82106688 开户行及账户：中国工商银行无锡通扬支行 1696007522876699	备注	无锡市中正财税咨询有限公司 83723209966333342H 发票专用章

收款人：　　　复核人：　　　开票人：刘睿　　　销售方：（章）

第三联：发票联　购货方记账凭证

提示：出纳员对报销业务的处理步骤如下。
(1) 出纳员指导陆浩国填制费用报销单(图表 4-6)并粘贴票据。
(2) 陆浩国持报销单及原始凭证前往相关领导处审批签字。
(3) 出纳员在审核无误后的咨询服务费发票上加盖“现金付讫”印章。
(4) 出纳员取出现金 1 200 元并复点后支付。
(出纳员待制单员编制记账凭证后登记现金日记账)

模块 3　现金存入银行

问题：如何办理现金存入银行业务？

出纳员对现金存入银行业务的一般处理程序如下：

（1）清点现金：出纳员去银行之前，应将送存款按币别、币种分开并清点整理。

（2）填写存款凭证：存现要填写现金存款凭证（不同银行的现金存款凭证的名称不同，如建设银行是“现金交款单”，交通银行是“现金解款单”，农业银行是“现金缴款单”，工商银行是“现金存款凭证”）。

（3）办理存款：出纳员到银行后，将填写好的现金存款凭证和现金交给银行柜员，存款业务完成后取回回单。

（出纳员待制单员编制记账凭证后登记现金日记账、银行存款日记账）

【实例 4-6】 2022 年 6 月 5 日，出纳员许佳敏将当日销货款 21 900 元缴存银行，现金存款凭证如图表 4-8 所示。

图表 4-8 现金存款凭证

ICBC 中国工商银行　　现金存款凭证

2022 年 06 月 05 日　　编号：

存款人	全称	无锡市江南股份有限公司			
	账号	2043153445 65289321		款项来源	货款
	开户行	中国工商银行无锡建业支行		交款人	许佳敏
金额（大写）	人民币贰万壹仟玖佰元整			金额（小写）￥21 900.00	
票面	张数	票面	张数	票面	张数
	219	100.00			

中国工商银行无锡建业支行 2022.06.05 业务专用章

经办　复核

第二联：客户留存

主管：　授权：835875　复核：　经办：007852

项目 5

银行存款收支业务的处理

模块 1　银行的开户及管理

问题1：银行账户的管理包括哪些内容？

企业开立、相关信息事项的变更或注销等情形，不但要办理相关的工商和税务事项，还要进行相应的银行账户事项的处理，包括账户开立、变更和注销三方面的事项处理。

问题2：企业银行账户有哪几种？

企业都要按照要求到银行开立相应的账户，以便日后经济业务的开展。企业的银行账户按用途分类可分为基本存款户、一般存款户、临时存款户、专用存款户四类，如图表 5-1 所示。

图表 5-1　银行账户种类

银行账户种类

银行账户	用途	备注
基本存款户	办理日常转账结算、现金收付业务	本账户是唯一的，也是开立其他银行结算账户的前提
一般存款户	办理存款人借款转存、借款归还和其他结算的现金缴存业务	本账户可以开立多个，可以办理现金缴存但不得办理现金支取
临时存款户	设立临时机构、异地临时经营活动、注册验资时开立，可办理银行收付款、现金提取存入业务	本账户期限最长不超过两年
专用存款户	办理社会保障基金、住房基金、收入汇缴基金、业务支出资金等专项款项收支业务	本账户能保证特定用途的资金专款专用

问题3：如何开立基本存款户？

企业开立基本存款户的流程如下：

（1）填制开户申请书，同时向银行咨询开户所需的资料。

（2）向银行提供所需的证照资料，一般包括企业营业执照、法人代表身份证、公章、财务专用章、法人章等。

(3) 到开户银行及中国人民银行的当地分支机构办理审核。

(4) 办理开户，收到发放的开户许可证和退回的开户证照资料。

注：其他账户需在开立基本存款户的前提下开立，并携带开户许可证。

问题4：如何变更银行账户信息？

凡是企业在开户时提交给银行的信息凡有变化时，如企业名称、企业法定代表人、基本存款户、银行预留印鉴、公司地址等变化，企业都要变更银行账户信息。出纳员办理银行账户信息变更时，其基本手续如下：

(1) 出纳员到开户银行领取变更银行结算账户申请书。

(2) 出纳员将填写完整并加盖单位公章的申请书及变更所需的资料交给开户银行。

(3) 开户银行审核通过，银行账户信息变更完成。

问题5：如何撤销银行账户？

企业因办公地点发生变动或存款主体发生变化等，需要将现有银行账户进行撤销，其基本流程如下：

(1) 存款人到开户银行领取撤销银行结算账户申请书。

(2) 存款人将填写完整并加盖单位公章的申请书及相关资料送交开户银行。

(3) 银行通过审核，银行账户撤销完成。

问题6：什么是印鉴卡？

印鉴卡是企业身份、账户的证明。银行预留印鉴卡又称预留印鉴，即企业在银行开设账户时在银行预留的印鉴，也就是财务专用章和法人代表(或者是其授权的一个人)的印章(俗称“小印”)。印鉴卡在使用时应注意以下内容：

(1) 印鉴卡分为正卡和副卡，均应加印防伪标志及编号(正、副卡编号一致)。正卡一张，由印鉴初审人员保管使用；副卡两张，其中一张由印鉴复审人员保管使用，一张由银行受理签章后退开户单位。需要增加副卡留作后台或会计主管、会计稽核人员使用的，由各一级分行自定，但每张卡用途要固定。

(2) 开户单位留存的副卡，在更换印鉴或销户时应予交回。

(3) 企业办理业务的时候需要将支票、借据上面的印鉴对角折叠核对或者扫描后电子验证，通过后才能办理业务。

(4) 因印章遗失、负责人变更等原因需要更换印鉴卡时，企业应准备好证明材料去银行申请更改。对企业在新印鉴启用前签发的票据，按新印鉴卡背面的旧印鉴进行验印。

模块 2　银行支票结算业务

个人取现直接用银行卡到银行或 ATM 机取款即可，但企业取现必须填写现金支票。

【实例 5-1】 2022 年 6 月 7 日，因库存备用金不足，无锡市江南股份有限公司出纳员许佳敏准备到银行提取现金 30 000 元。

提示：提取现金业务的流程如下。

（1）查询银行余额：出纳员因库存现金不足或其他原因需要提取现金时，应先通过网上银行查询基本账户的存款余额，确定银行存款余额大于要提取的金额，以防开具空头支票。

（2）登记现金支票使用登记簿：登记现金支票使用登记簿（图表 5-2）时，登记的主要事项包括日期、支票号码、领用人、用途、金额、备注等。

（3）填写现金支票：具体填写方法见项目 2 模块 2 中有关现金支票填写的内容（图表 5-3）。

（4）银行取现并清点：出纳员填写完现金支票后，应将存根撕下留存，作为事后会计做账的依据，然后将正联携带到银行；到达银行后，应将支付密码填入现金支票密码栏，再进行取现；出纳员提取现金后，应当场核对金额，至少清点两遍，并对现金真伪进行鉴别，确认无误后妥善保管。取现过程中要小心谨慎，注意安全，若取现金额较大，可请单位保安或同事陪同。

（出纳员待制单员编制记账凭证后登记现金日记账、银行存款日记账）

图表 5-2　现金支票使用登记簿

现金支票使用登记簿

日期	现金支票号码	领用人	金额	备注
2022 年 06 月 01 日	7366342	许佳敏	￥25 000.00	
2022 年 06 月 04 日	7366343	许佳敏	￥30 000.00	日期填写错误，作废
2022 年 06 月 04 日	7366344	许佳敏	￥30 000.00	
2022 年 06 月 07 日	7366345	许佳敏	￥30 000.00	

图表 5-3　现金支票

中国工商银行
现金支票存根　（苏）
VI007366345
附加信息

出票日期 2022年06月07日

收款人：	本单位
金　额：	¥30 000.00
用　途：	备用金

单位主管 洪凯生 会计 龚丽

本支票付款期限十天

中国工商银行　现金支票（苏）　VI007366345

出票日期（大写）贰零贰贰年陆月零柒日　付款行名称：中国工商银行无锡建业支行

收款人：无锡市江南服饰有限公司　出票人账号：20431534456528932l

人民币（大写）	十	万	千	百	十	元	角	分
叁万元整	¥	3	0	0	0	0	0	0

用途　备用金
上列款项请从
我账户内支付
出票人签章　（无锡市江南服饰有限公司财务专用章）（洪凯生印）　复核　记账

问题2：怎样使用转账支票办理付款业务？

【实例5-2】　2022年6月7日，无锡市亿佳汇物流有限公司业务员前来结算前日发生的运输费，增值税专用发票如图表5-4所示，出纳员以转账支票支付。

图表 5-4　增值税专用发票

江苏省增值税专用发票　　No　05787234

发　票　联　　　开票日期：2022年06月06日

购买方	名　　称：无锡市江南服饰有限公司 纳税人识别号：31244456307453X 地址、电话：建业路38号 0510-85433576 开户行及账户：中国工商银行无锡建业支行 20431534456528932l	密码区					
货物或应税劳务名称	规格型号	单位	数量	单价	金额	税率	税额
运输费		次	1	9 000.00	9 000.00	9%	810.00
合计					¥9 000.00		¥810.00
价税合计（大写）	⊗玖仟捌佰壹拾元整			（小写）¥9 810.00			
销售方	名　　称：无锡市亿佳汇物流有限公司 纳税人识别号：913202008359966666K 地址、电话：无锡市江海西路666号 0510-65322666 开户行及账户：交通银行无锡江海支行 323232099998666	备注	（无锡市亿佳汇物流有限公司 91320200835996666K 发票专用章）				

第三联：发票联　购买方记账凭证

收款人：　　复核人：　　开票人：王维　　销售方：

提示：转账支票付款业务的流程如下。

（1）查询存款余额：签发转账支票时必须保证企业银行账户的余额大于支票的金额，防止因签发空头支票而受到处罚。

（2）申请并登记转账支票使用登记簿：转账支票使用前应先登记转账支票使用登记簿（图表5-5）。

（3）填写转账支票：具体填写方法见项目2模块2中有关转账支票填写的内容（图表5-6）。

（4）将支票正联交给收款人：出纳员可以将开好的转账支票正联沿虚线剪开交给收款方，由收款方出纳员到银行办理进账；出纳员也可以将开好的转账支票沿虚线剪开填制进账单后到银行办理转账付款，即“倒进账”。假定［实例5-2］中属于前者。

（出纳员待制单员编制记账凭证后登记银行存款日记账）

图表5-5　转账支票登记簿

转账支票使用登记簿

日期	转账支票号码	领用人	金额	用途	备注
2022年06月06日	83660753	杨剑	80 000.00	货款	
2022年06月07日	83660754	李大伟	9 810.00	运输费	

图表5-6　转账支票

中国工商银行
转账支票存根　（苏）
VI0083660754
附加信息
出票日期 2022年06月07日
收款人：无锡市亿佳汇物流有限公司
金　额：￥9 810.00
用　途：运输费
单位主管 洪凯　会计 章强

中国工商银行　转账支票（苏）　VI0083660754

本支票付款期限十天

出票日期（大写）贰零贰贰年陆月零柒日　付款行名称：中国工商银行无锡市建业支行
收款人：无锡市亿佳汇物流公司　出票人账号：2043153445 65289321

人民币（大写）	十	万	千	百	十	元	角	分
玖仟捌佰壹拾元整		￥	9	8	1	0	0	0

用途 运输费
上列款项请从
我账户内支付
出票人签章　　无锡市江南服饰有限公司财务专用章　　洪凯印生　　复核　　记账

问题3：什么是“倒进账”？

倒进账是指开票人(付款方)在自己的开户行填写进账单，委托银行付款的进账方式；顺进账是指收票人(收款方)将票据背书(加盖自己开户行预留印鉴)后，委托银行收款的进账方式。在顺进账的方式下，款项是流进手续办理方账户；在倒进账的方式下，款项是流出手续办理方账户。

问题4：收款方收到转账支票如何处理?

【实例 5-3】 2022 年 6 月 7 日，无锡市江南股份有限公司收到同城无锡市永乐商贸有限公司的转账支票一张(图表 5-7)，用于支付购货款。销售货款的增值税专用发票及销售单如图表 5-8、图表 5-9 所示。

图表 5-7　转账支票

中国工商银行 转账支票（苏）　　VI0083660754

本支票付款期限十天

出票日期（大写）贰零贰贰年陆月零陆日　　付款行名称：交通银行无锡南长支行

收款人：无锡市江南股份有限公司　　出票人账号：203641138000567932

人民币（大写）	十	万	千	百	十	元	角	分
叁万叁仟玖佰元整	¥	3	3	9	0	0	0	0

用途 货款

上列款项请从

我账户内支付

出票人签章　无锡市永乐商贸有限公司财务专用章　洪凯生印

复核　　记账

图表 5-8 增值税专用发票

江苏省增值税专用发票　No 03287212

此联不作报销、扣款使用　开票日期：2022年06月05日

购买方	名称：无锡市永乐商贸有限公司 纳税人识别号：321254456126907G 地址、电话：永乐路125号 65678996 开户行及账户：交通银行无锡南长支行 203641138000567932			密码区			
货物或应税劳务名称	规格型号	单位	数量	单价	金额	税率	税额
装订机		台	20	1 500.00	30 000.00	13%	3 900.00
合计					¥30 000.00		¥3 900.00
价税合计（大写）	⊗叁万叁仟玖佰元整　（小写）¥33 900.00						
销售方	名称：无锡市江南股份有限公司 纳税人识别号：312444563074533X 地址、电话：建业路38号 0510-85433576 开户行及账户：中国工商银行无锡建业支行 204315344565289321			备注	无锡市江南股份有限公司 31244456307453X 发票专用章		

收款人：许佳敏　复核人：王凯　开票人：杨芳　销售方：

第一联：记账联 销售方记账凭证

图表 5-9 销售单

无锡市江南股份有限公司

销售单(代合同)

地址:无锡市建业路38号

电话:0510-85433576　NO.9160016

客户名称:无锡市永乐商贸有限公司

地址电话:永乐路125号 65678996　日期:2022年06月05日

编号	名称	单位	数量	单价	金额	备注
	装订机	台	20	1 695.00	33 900.00	
合计 人民币(大写)叁万叁仟玖佰元整					¥33 900.00	

销售经理:林凯　会计:龚莉　经办人:黄芳　仓库:孙娟　签收人:吕明

会计联

提示：收到转账支票业务的处理步骤如下。

(1) 审核对方开具的转账支票：检查各项目填写是否规范。例如，收款人名称是否是本单位全称、金额和日期是否正确、大小写是否一致、签章是否清晰、日期是否在 10 天以内等。

(2) 填写结算金额并在支票背面加盖银行预留印鉴：出纳员在审核支票无误后，先填写结算金额，再找银行预留印鉴的保管人员在转账支票背面加盖企业的预留印鉴。

(3) 填写进账单：具体填写方法见项目 2 模块 2 中有关进项单填制的内容。

(4) 到银行办理进账：出纳员将填好的进账单(图表 5-10)连同转账支票一起交给银行柜员办理，取回进账单回单联，表明银行已受理；待收到进账单(收账通知)后，表明该款项已经转入本企业账户。

(出纳员待制单员编制记账凭证后登记银行存款日记账)

图表 5-10　进账单

工商银行**进账单**（收账通知）3

2022年 06 月 07 日

出票人	全　称	无锡市永乐商贸有限公司	收款人	全　称	无锡市江南股份有限公司
	账　号	20364113800567932		账　号	204315344565289321
	开户银行	交通银行无锡南长支行		开户银行	中国工商银行无锡建业支行

人民币（大写）	千	百	十	万	千	百	十	元	角	分
叁万叁仟玖佰元整			¥	3	3	9	0	0	0	0

票据种类	支票	中国工商银行 无锡建业支行 2022.06.07 办讫章 持票人开户行盖章
票据张数	1张	
单位主管　会计　复核　记账		

模块 3　银行汇票结算业务

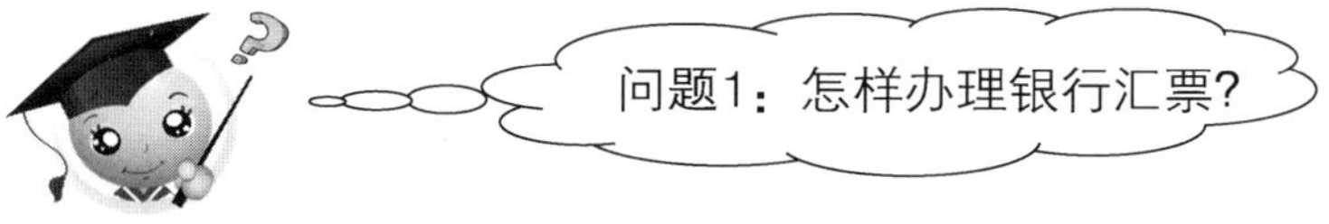

【实例 5-4】　2022 年 6 月 8 日，无锡市江南股份有限公司因采购生铁，需要出纳员办理银行汇票，付款申请书如图表 5-11 所示。

图表 5-11　付款申请书

无锡市江南股份有限公司付款申请书

2022年 06 月 08 日

用途	金额											收款单位：徐州钢铁有限公司			
支付货款	亿	千	百	十	万	千	百	十	元	角	分	账号：364315368476543643			
			¥	2	5	0	0	0	0	0	0	开户银行：中国农业银行徐州彭城支行			
金额大写（合计）	人民币贰拾伍万元整											电汇□　转账 □　汇票☑　网银□			
总经理	洪凯生	财务部门	经理	袁红萍								经办部门	经理	杨建	
			会计	龚丽									经办人	章强	

提示：办理银行汇票的步骤如下。

（1）查询存款余额：办理银行汇票时必须保证企业银行账户的余额大于办理汇票的金额。

（2）填写结算业务申请书：具体填写方法见项目 2 模块 2 中有关结算业务申请书填写的内容。

（3）到银行办理汇票：申请人持结算业务申请书（图表 5-12）到银行柜台办理，柜台人员收到申请书审核信息无误后将从申请人账户上直接划扣汇票款，并按申请书上的内容签发银行汇票。

图表 5-12　结算业务申请书

中国工商银行　　结算业务申请书　　No 66187654

申请日期　2022 年 06 月 08 日

业务类型		☑银行汇票 □银行本票 □电汇	☑转账		□现金
申请人	全 称	无锡市江南股份有限公司	收款人	全 称	徐州钢铁有限公司
	账 号	204315344565289321		账 号	364315368476543643
	开户行	中国工商银行无锡建业支行		开户行	中国农业银行徐州彭城支行
金额	（大写）人民币贰拾伍万元整		千 百 十 万 千 百 十 元 角 分		¥ 2 5 0 0 0 0 0 0
申请人签章（无锡市江南股份有限公司财务专用章）（洪凯生印）			支付密码		
			附加信息及用途 申请银行汇票		电汇时选择 普通□ 加急□

（印章：中国工商银行 无锡建业支行 2022.06.08 办讫章）

第一联 银行记账凭证

(4) 取得银行汇票：办理完毕后，申请人将收到银行汇票正联(图表5-13)、解讫通知联(图表5-14)、结算业务申请书回单联(图表5-15)及业务收费凭证(图表5-16)。出纳员将取得的银行汇票交经办人用于支付结算。

(出纳员待制单员编制记账凭证后登记银行存款日记账)

图表5-13　银行汇票正联

中国工商银行　　XI00448798

银 行 汇 票 2　　第 66542002 号

出票日期（大写）：贰零贰贰年陆月零捌日	代理付款行：中国农业银行徐州彭城支行　行号：7018911
收款人：徐州钢铁有限公司	账号：364315368476543643
出票金额	人民币（大写）贰拾伍万元整
实际结算金额	人民币（大写）

千	百	十	万	千	百	十	元	角	分

申请人：无锡市江南股份有限公司	账号或住址：204315344565289321
出票行：中国工商银行无锡建业支行	科目（借）
备　注：贷款	对方科目（贷）
凭票付款	兑付日期：　年　月　日
出票行签章	复核　　记账

中国工商银行无锡建业支行 汇票专用章 15635307902784

多余金额

千	百	十	万	千	百	十	元	角	分

图表5-14　银行汇票解讫通知联

付款期限 壹 个 月

中国工商银行　　XI00448798

银 行 汇 票（解讫通知）3　　第 66542002 号

出票日期（大写）：贰零贰贰年陆月零捌日	代理付款行：中国农业银行徐州彭城支行　行号：7018911
收款人：徐州钢铁有限公司	账号：364315368476543643
出票金额	人民币（大写）贰拾伍万元整
实际结算金额	人民币（大写）

千	百	十	万	千	百	十	元	角	分

申请人：无锡市江南股份有限公司	账号或住址：204315344565289321
出票行：中国工商银行无锡建业支行	科目（贷）
备　注：贷款	对方科目（借）
代理付款行盖章	转账日期：　年　月　日
复核　　经办	复核　　记账

多余金额

千	百	十	万	千	百	十	元	角	分

图表 5-15　结算业务申请书回单联

中国工商银行　　　结算业务申请书　　　No 66187654

申请日期　2022 年 06 月 08 日

业务类型	☑银行汇票 □银行本票 □电汇		☑转账 □现金	
申请人	全 称	无锡市江南股份有限公司	收款人 全 称	徐州钢铁有限公司
	账 号	20431534456528932l	账 号	364315368476543643
	开户行	中国工商银行无锡建业支行	开户行	中国农业银行徐州彭城支行
金额	（大写）人民币贰拾伍万元整		千 百 十 万 千 百 十 元 角 分	¥ 2 5 0 0 0 0 0 0
申请人签章			支付密码	
			附加信息及用途 申请银行汇票	电汇时选择 普通□ 加急□

中国工商银行
无锡建业支行
2022.06.08
办讫章

第二联：回单联

图表 5-16　业务收费凭证

业务收费凭证

币种：人民币　　2022 年 06 月 08 日　　流水号：455566678786534

付款人：无锡市江南股份有限公司		账号：20431534456528932l		
项目名称	工本费	手续费		金额
银行汇票	0.40			0.40
金额（大写）人民币肆角整				¥0.40
付款方式	转账			

中国工商银行
无锡建业支行
2022.06.08
办讫章

会计主管　　　授权　　　制单　方晓

问题2：付款方怎样办理银行汇票付款业务？

【实例 5-5】 2022 年 6 月 11 日，无锡市江南股份有限公司业务员回单位报账，以银行汇票采购材料，相关原始凭证如图表 5-17、图表 5-18、图表 5-19 所示。

图表 5-17　费用报销单

无锡市江南股份有限公司　费用报销单

购物(或业务往来)日期:2022 年 06 月 11 日				背面附原始凭证　2 张			
内　容			发票号	单价	数量	金额	
1	付材料款		03287311	700.00	300	210 000.00	
2	支付税金		03287311			27 300.00	
3							
备注:银行汇票支付							
实报金额(大写)人民币贰拾叁万柒仟叁佰元整				￥237 300.00			
领导审批	洪凯生	财务经理	袁红萍	部门经理	尤刚	报销人	洪虹

图表 5-18　增值税专用发票

江苏省增值税专用发票　No 03287311

（印章：全国统一发票监制章 江苏省税务局）

发　票　联　　开票日期：2022年 06 月 11 日

购买方	名　　称：无锡市江南股份有限公司 纳税人识别号：31244456307453X 地址、电话：建业路38号 0510-85433576 开户行及账户：中国工商银行无锡建业支行 204315344565289321				密码区		
货物或应税劳务名称	规格型号	单位	数量	单价	金额	税率	税额
生铁		吨	300	700.00	210 000.00	13%	27 300.00
合计					￥210 000.00		27 300.00
价税合计（大写）	⊗贰拾叁万柒仟叁佰元整			（小写）￥237 300.00			
销售方	名　　称：徐州钢铁有限公司 纳税人识别号：31244456308548C 地址、电话：通扬路 48 号 8433589 开户行及账户：农业银行徐州彭城支行 364315368423007653				备注	汇票结算 （印章：徐州钢铁有限公司 31244456308548c 发票专用章）	

收款人：赵鹏　　复核人：王凯　　开票人：于刚　　销售方：（章）

第三联：发票联　购买方记账凭证

图表 5-19　收料单

无锡市江南股份有限公司收料单

2022 年 06 月 11 日　　　　第 05117 号

供货单位：徐州钢铁有限公司

发票号码：03287311　　　　材料大类：原材料

材料编号	名称	规格	单位	数量		实际价格			计划价格	
				发票	实收	单价	金额	其中：运杂费	单位	金额
	生铁		吨	300		700.00	210 000.00			

制单：路凡　　验收：　　主管：　　记账：

提示： 以银行汇票结算业务的处理步骤如下。

(1) 出纳员审核业务员交来的费用报销单(图表 5-17)、增值税专用发票(图表 5-18)和仓库开出的收料单(图表 5-19)。

(2) 出纳员核对购货金额与银行汇票金额，确定差额款，以备结清差额款。

问题3：付款方怎样办理银行汇票多余款入账业务？

【实例 5-6】 2022 年 6 月 12 日，无锡市江南股份有限公司出纳员从银行取得银行汇票(图表 5-20)。

图表 5-20　银行汇票

付款期限 壹个月

中国工商银行　　XI00448798

银行汇票（多余款项收账通知）　4　　第　号

出票日期（大写）：贰零贰贰年陆月壹拾贰日

代理付款行：中国农业银行徐州彭城分行　行号：7018911

收款人：徐州钢铁有限公司　账号：3643153684230076 53

出票金额　人民币（大写）：贰拾伍万元整

实际结算金额 人民币（大写）：贰拾叁万柒仟叁佰元整	千	百	十	万	千	百	十	元	角	分
		¥	2	3	7	3	0	0	0	0

申请人：无锡市江南股份有限公司　账号或住址：540-2043153445

出票行：中国工商银行无锡建业支行

备注：

代理付款行盖章

（印章：中国工商银行无锡建业支行 汇票专用章 503507902784）

复核　经办

多余金额									
千	百	十	万	千	百	十	元	角	分
		¥	1	2	7	0	0	0	0

（印章：中国工商银行 无锡建业支行 2022.06.12 办讫章）

科目（贷）

对方科目（借）

转账日期：2022 年 06 月 12 日

复核　记账

提示：2022 年 6 月 12 日，企业接到银行通知，上述银行汇票多余款已划入本单位存款账户。

收到银行汇票多余款业务的处理如下：

出纳员审核银行转来的银行汇票第四联(图表 5-20)，核对汇出金额、结算金额确定多余款金额的正确性。

(出纳员待制单员编制记账凭证后登记银行存款日记账)

问题4：收款方怎样处理收到的银行汇票业务?

【实例 5-7】 2022 年 6 月 9 日，常州华瑞贸易有限责任公司采用银行汇票方式购买本企业商品，相关原始凭证如图表 5-21、图表 5-22、图表 5-23、图表 5-24 所示。

图表 5-21　增值税专用发票

江苏省增值税专用发票　　No 03287212

此联不作报销、扣款使用　　开票日期：2022 年 06 月 09 日

购买方	名　　称：常州华瑞贸易有限责任公司 纳税人识别号：231254456127357M 地址、电话：向阳路 12 号　42708458 开户行及账户：中国农业银行常州金陵支行 435646411667300217	密码区	

货物或应税劳务名称	规格型号	单位	数量	单价	金额	税率	税额
打印机		台	200	400.00	80 000.00	13%	10 400.00
合计					¥80 000.00		¥10 400.00
价税合计（大写）	⊗玖万零肆佰元整			（小写）¥90 400.00			

销售方	名　　称：无锡市江南股份有限公司 纳税人识别号：31244456307453X 地址、电话：建业路38号　0510-85433576 开户行及账户：中国工商银行无锡建业支行 204315344565289321	备注	无锡市江南股份有限公司 31244456307453X 发票专用章

第一联：记账联　销售方记账凭证

收款人：许佳敏　　复核人：王凯　　开票人：杨芳　　销售方：

图表 5-22 销售单

无锡市江南股份有限公司

销售单(代合同)

地址:无锡市建业路 38 号

电话:0510-85433576　　　　NO.9160017

客户名称:常州华瑞贸易有限责任公司

地址电话:常州市向阳路 12 号　42708458　　　　日期:2022 年 06 月 09 日

编号	名称	单位	数量	单价	金额	备注
2001	打印机	台	200	452.00	90 400.00	
合计　人民币(大写)玖万零肆佰元整					￥90 400.00	

会计联

销售经理:林凯　　会计:龚莉　　经办人:黄芳　　仓库:孙娟　　签收人:吕明

图表 5-23 银行汇票

付款期限 壹 个 月

中国农业银行　　XI03243234

银 行 汇 票 2　　第　号

出票日期(大写) 贰零贰贰年陆月零玖日

代理付款行:中国工商银行无锡建业支行

行　号:540

收款人:无锡市江南股份有限公司　　账号:540-204315344565289321

出票金额　人民币(大写)壹拾万元整

实际结算金额	千	百	十	万	千	百	十	元	角	分
人民币(大写)玖万零肆佰元整			￥	9	0	4	0	0	0	0

申请人:常州华瑞贸易有限责任公司　　账号或住址:435646411667300217

出票行:中国农业银行常州金陵支行

备　注:货款

凭票付款

出票行签章

中国农业银行常州金陵支行 503507902784 汇票专用章

多余金额									
千	百	十	万	千	百	十	元	角	分
		￥	9	6	0	0	0	0	

科目(借)

对方科目(贷)

兑付日期:2022年12月20日

复核　　记账

图表 5-24　银行汇票

付款期限
壹 个 月

中国农业银行　XI03243234

银 行 汇 票（解讫通知） 3　第　号

出票日期（大写）：贰零贰贰年陆月零玖日
代理付款行：中国工商银行无锡建业支行
行号：540

收款人：无锡市江南股份有限公司　账号：204315344565289321

出票金额 人民币（大写）：壹拾万元整

实际结算金额	千	百	十	万	千	百	十	元	角	分
人民币（大写）玖万零肆佰元整			¥	9	0	4	0	0	0	0

申请人：常州华瑞贸易有限责任公司　账号或住址：435646411667300217

出票行：中国农业银行常州金陵支行

备注：货款

凭票付款

出票行签章

（印章：中国农业银行常州金陵支行 503507902784 汇票专用章）

多余金额									
千	百	十	万	千	百	十	元	角	分
			¥	9	6	0	0	0	0

科目（贷）________

对方科目（借）________

转账日期：　年　月　日

复核　　记账

提示：收到银行汇票业务的处理步骤如下。

(1) 出纳员审核销售科提交的增值税专用发票(图表 5-21)、销售单(图表 5-22)和常州华瑞贸易有限责任公司业务员送交的银行汇票(图表 5-23、图表 5-24)。

(2) 出纳员在银行汇票背面“持票人向银行提示付款签章”处加盖银行预留印鉴(图表 5-25)；在银行汇票上填写银行汇票上的结算金额、多余金额。

图表 5-25　银行汇票背面

背书人	被背书人
（印章：无锡市江南股份有限公司财务专用章）（印章：洪凯印生） 背书人签章 2022 年 06 月 12 日	背书人签章 年　月　日
持票人向银行 提示付款签章：	身份证件名称：　　发证机关： 号码 3 2 0 2 1 X X X X X X X X X

(3) 出纳员填写进账单(图表 5-26),随后持银行汇票一起到代理付款行(开户行)办理进账。

(出纳员待制单员编制记账凭证后登记银行存款日记账)

图表 5-26　进账单

中国工商银行 **进账单**（收账通知）3

2022 年 06 月 12 日　　　　　第　　号

出票人	全　称	常州华瑞贸易有限责任公司	收款人	全　称	无锡市江南股份有限公司
	账　号	435646411667300217		账　号	204315344565289321
	开户银行	中国农业银行常州金陵支行		开户银行	中国工商银行无锡建业支行

人民币（大写）玖万零肆佰元整	千	百	十	万	千	百	十	元	角	分
			¥	9	0	4	0	0	0	0

票据种类	银行汇票	中国工商银行 无锡建业支行 2022.06.12 办讫章 持票人开户行盖章
票据张数	1 张	
单位主管　会计　复核　记账		

此联是收款人开户银行交给收款人的收账通知

模块 4　银行承兑汇票业务

问题1：付款方如何办理银行承兑汇票?

【实例 5-8】 2022 年 6 月 10 日,无锡市江南股份有限公司根据与无锡恒基钻头制造有限公司签订的供销合同,购入装订机钻头,货款共计 150 000 元,向银行申请签发银行承兑汇票。

提示: 申请银行承兑汇票业务的处理步骤如下。

(1) 承兑申请:申请银行承兑汇票时,出纳员要向开户银行提交银行承兑汇票申请书(图表 5-27),并提供相应材料。(一般由出纳员携带银行预留印鉴到银行现场办理)

(2) 存入保证金:企业提出承兑申请,经过银行审核完成后,出纳员应向银行指定账户存入保证金或办理担保。企业存入保证金时,需要填写转账支票(图表 5-28)和进账单(图表 5-29)。

（3）票据签发：银行承兑汇票的相关手续办理完毕，银行就可以签发银行汇票（图表5-30），申请人在第一联、第二联的出票人处加盖银行预留印鉴。

（4）办理结算：出纳员将填写完整并加盖印鉴后的银行承兑汇票交还给银行，银行在第二联上盖章（图表5-31）后退给出纳员，出纳员应将银行承兑汇票的正联复印两份，分别由会计人员和出纳员留存。将银行承兑汇票原件用于办理结算，同时制作签收表格，以便于管理和及时查看。

图表5-27　银行承兑汇票申请书

银行承兑汇票申请书

中国工商银行无锡建业支行：

根据我单位与无锡恒基钻头制造有限公司（收款人）签订的产品购销合同（编号201904223），特向贵行申请汇票金额（大写）壹拾伍万元整（小写）￥150 000.00的银行承兑汇票。

我单位保证申请办理银行承兑汇票业务所依据的交易背景真实合法，并承诺履行《银行承兑协议》规定的各项义务和责任。

承兑申请人：无锡市江南股份有限公司

2022年06月10日

授权经办人签名：许佳敏

身份证号码：3202021998××××××　联系电话：139××××349

（印章：无锡市江南股份有限公司　31244456307453X　发票专用章）

图表5-28　转账支票

中国工商银行
转账支票存根　（苏）
VI007366345

附加信息

出票日期 2022 年 06 月 10 日

收款人：本单位
金　额：￥50 000.00
用　途：保证金

单位主管 洪凯生　会计 龚丽

本支票付款期限十天

中国工商银行　转账支票（苏）　VI007366345

出票日期（大写）贰零贰贰年陆月零壹拾日　付款行名称：中国工商银行无锡市建业支行

收款人：无锡市江南股份有限公司　出票人账号：20431534456528932I

人民币（大写） 伍万元整	百	十	万	千	百	十	元	角	分
		￥	5	0	0	0	0	0	0

用途　承兑保证金

上列款项请从

我账户内支付

出票人签章　（印章：无锡市江南股份有限公司财务专用章）（印章：洪凯生印）

复核　记账

图表 5-29 进账单

中国工商银行进账单（收账通知）

2022年 06 月 10 日

出票人	全　称	无锡市江南股份有限公司	收款人	全　称	无锡市江南股份有限公司
	账　号	204315344565289321		账　号	216755554443330049
	开户银行	中国工商银行无锡建业支行		开户银行	中国工商银行无锡建业支行

	千	百	十	万	千	百	十	元	角	分
人民币（大写）伍万元整			¥	5	0	0	0	0	0	0

票据种类	转账支票	中国工商银行无锡建业支行 2022.06.10 办讫章
票据张数	1张	
单位主管　会计　复核　记账		持票人开户行盖章

此联是收款人开户银行交给收款人的收账通知

图表 5-30 银行承兑汇票

银行承兑汇票 2　　40207045 2056872

出票日期（大写）贰零贰贰年陆月 零壹拾日

出票人全称	无锡市江南股份有限公司	收款人	全　称	无锡恒基钻头制造有限公司
出票人账号	204315344565289321		账　号	20431534456566633352
付款行名称	中国工商银行无锡建业支行		开户银行	中国工商银行无锡中桥支行

出票金额		千	百	十	万	千	百	十	元	角	分
	人民币（大写）壹拾伍万元整		¥	1	5	0	0	0	0	0	0

汇票到期日（大写）	贰零贰贰年壹拾贰月零壹拾日	付款行	行号	2035079027822
承兑协议编号	银承兑 201937 号		地址	建业路38号

本汇票请你行承兑，到期无条件付款。 无锡市江南股份有限公司财务专用章　董洪印凯 出票人签章	本汇票已经承兑，到期日由本行付款。 承兑行签章 承兑日期　年　月　日	密押 复核　记账

第一联：此联承兑银行留存备查　到期支付票款时作借方凭证附件

图表 5-31　银行承兑汇票

银行承兑汇票　2　　40207045
2056872

出票日期（大写）贰零贰贰年陆月零壹拾日

出票人全 称	无锡市江南股份有限公司	收款人	全 称	无锡恒基钻头制造有限公司
出票人账 号	20431534456528932l		账 号	20431534456566633352
付款行名称	中国工商银行无锡建业支行		开户银行	中国工商银行无锡中桥支行

出票金额	人民币（大写）壹拾伍万元整	千	百	十	万	千	百	十	元	角	分
			¥	1	5	0	0	0	0	0	0

汇票到期日（大写）	贰零贰贰年壹拾贰月零壹拾日	付款行	行号	2035079027822
承兑协议编号	银承兑 201937 号		地址	建业路38号

本汇票请你行承兑，到期无条件付款。 出票人签章	本汇票已经承兑，到期日由本行付款。 承兑行签章 承兑日期　年　月　日	密押 复核　记账

第二联：此联收款人开户银行随托收凭证寄付款行作借方凭证附件

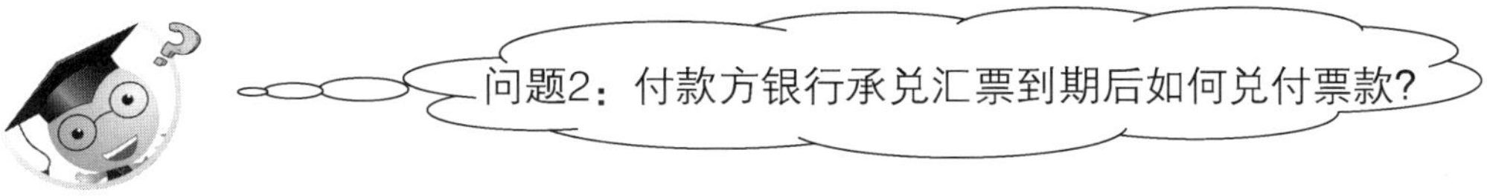

【实例 5-9】 2022 年 6 月 11 日，无锡市江南股份有限公司收到银行转来的托收凭证，为常州蓝天有限公司托收到期的银行承兑汇票(图表 5-32)。

图表 5-32　托收凭证

ICBC 中国工商银行　托收凭证　（付款通知）　5

委托日期 2022 年 06 月 11 日　　第　　号

业务类型	委托收款（□邮划、☑电划）　托收承付（□邮划、□电划）				
收款人	全 称	常州蓝天有限公司	付款人	全 称	无锡市江南股份有限公司
	账 号	2043153445 6566633352		账 号	2043153445 65289321
	开户行	中国工商银行常州郊区支行		开户行	中国工商银行无锡建业支行
	地址	芳桥路19号		地址	建业路38号

金 额	人民币（大写）壹拾贰万元整	千	百	十	万	千	百	十	元	角	分
			¥	1	2	0	0	0	0	0	0

款 项 内 容	货款	托收凭据 名 称	银行承兑汇票	附寄单 证张数	1
商品发运情况	已发		合同名称号码	编号 201904223	
备注： 复核　记账	款项收妥日期 年　月　日		收款人开户银行签章 月　日		

此联是付款人开户银行给付款人的付款通知

提示：付款方承付托收款业务的处理步骤如下：

（1）出纳员应及时查看银行承兑汇票是否到期，在票据到期前将足额的票款存入存款账号。

（2）出纳员从银行取得托收凭证（图表 5-32），并核对付款通知和银行承兑汇票的相关信息。确认无误后，银行把款项转给收款人。

（出纳员待制单员编制记账凭证后登记银行存款日记账）

问题3：收到银行承兑汇票如何处理？

企业收到银行承兑汇票一般会有以下三种处理方法：

（1）到期托收：待银行承兑汇票到期后办理托收票款。

（2）背书转让：在银行承兑汇票未到期前办理背书转让。

（3）办理贴现：如果企业在银行承兑汇票到期之日前资金短缺，可以到银行办理贴现（即向银行支付一定的利息费用，提前取得银行承兑汇票款）。

问题4：银行承兑汇票到期，收款方如何办理托收？

【实例 5-10】 2022 年 6 月 12 日，无锡市江南股份有限公司经查询，发现来自苏州虎丘文具用品有限公司的一张银行承兑汇票（图表 5-33）将于 2022 年 6 月 16 日到期。

图表 5-33 银行承兑汇票

银行承兑汇票 2　　40207045

2056872

出票日期（大写）贰零贰贰年壹拾贰月壹拾陆日

出票人全称	苏州虎丘文具用品有限公司	收款人	全称	无锡市江南股份有限公司
出票人账号	4256464117767772		账号	204315344565289321
付款行名称	中国银行苏州虎丘路支行		开户银行	中国工商银行无锡建业支行

出票金额	人民币（大写）陆万元整	千	百	十	万	千	百	十	元	角	分
				¥	6	0	0	0	0	0	0

票据到期日（大写）	贰零贰贰年陆月壹拾陆日	付款行	行号	2035079027822
承兑协议编号	银承兑 201894 号		地址	中国银行苏州虎丘路支行

本汇票请你行承兑，到期无条件付款。 苏州虎丘文具有限公司财务专用章　涛朱印松　出票人签章	本汇票已经承兑，到期日由本行付款。 中国银行苏州虎丘路支行 2035079027821 汇票专用章 承兑日期　年　月　日	密押 复核　　记账

此联收款人开户银行随托收凭证寄付款行作借方凭证附件

提示：收款方托收业务的处理步骤如下。

(1) 提示付款：出纳员应定期查看相关备查簿，对即将到期的银行承兑汇票应到银行办理托收。

(2) 填制托收凭证：在填制托收凭证之前，出纳员应先在银行承兑汇票背面的“背书人签章”处加盖银行预留印鉴并注明“委托收款”字样(图表5-34)；填制托收凭证(图表5-35)并在第二联上加盖银行预留印鉴。

(3) 去银行办理：出纳员先将银行承兑汇票复印两份(一份交会计人员，一份自己保管)，然后到银行将托收凭证和银行承兑汇票交银行办理委托收款并取回托收凭证回单联。

(4) 款项回笼：款项到达企业账户后，出纳员会在银行柜台取得托收凭证收款通知(图表5-36)。

(出纳员待制单员编制记账凭证后登记银行存款日记账)

图表5-34 银行承兑汇票背面

背书人	被背书人
[印章：无锡市江南服饰有限公司财务专用章] [印章：洪凯生印] 背书人签章 2022年06月16日	被背书人签章 年 月 日

图表5-35 托收凭证

ICBC 中国工商银行 托收凭证 (贷方凭证) 2

委托日期 2022年06月12日 第 号

业务类型	委托收款(□邮划、☑电划) 托收承付(□邮划、□电划)				
收款人 全称	无锡市江南服饰有限公司		付款人 全称	苏州虎丘文具用品有限公司	
收款人 账号	20431534456528932l		付款人 账号	4256464117767772	
收款人 地址	江苏省无锡市	开户行 中国工商银行无锡建业支行	付款人 地址	江苏省苏州市	开户行 中国银行苏州虎丘路支行

金额	人民币(大写)陆万元整	千	百	十	万	千	百	十	元	角	分
				¥	6	0	0	0	0	0	0

款项内容	货款	托收凭据名称	银行承兑汇票	附寄单证张数	1
商品发运情况			合同名称号码		

备注	上列款项随附有关债务证明，请予办理。	
收款人开户银行收到日期 年 月 日	[印章：无锡市江南服饰有限公司财务专用章] [印章：洪凯生印] 收款人签章	复核 记账

此联是收款人开户银行作贷方凭证

图表 5-36　托收凭证

ICBC 中国工商银行 托收凭证 （收款通知）　4

委托日期 2022 年 06 月 12 日　　第　　号

业务类型	委托收款（□邮划、☑电划）　托收承付（□邮划、□电划）														
收款人	全称	无锡市江南股份有限公司		付款人	全称	苏州虎丘文具用品有限公司									
	账号	204315344565289321			账号	4256464117767772									
	地址	江苏省无锡市	开户行：中国工商银行无锡建业支行		地址	江苏省苏州市	开户行：中国银行苏州虎丘路支行								
金额	人民币（大写）陆万元整					千	百	十	万	千	百	十	元	角	分
								¥	6	0	0	0	0	0	0
款项内容	贷款	托收凭据名称	银行承兑汇票	附寄单证张数	1										
商品发运情况				合同名称号码											
备注 收款人开户银行收到日期 年　月　日		上列款项已划回收入你方账户。 收款人行开户行签章。 （章：中国工商银行无锡建业支行 2035079027822 业务专用章） 收款人签章			复核　记账										

此联是收款人开户银做收款通知

模块 5　网 上 银 行

网上银行又称网络银行、在线银行或电子银行，是付款人通过网络与银行之间的支付接口进行交易款项的一种支付方式。随着网上支付系统安全性的增强和网络的普及，越来越多的企业开始使用网上支付进行结算。

问题1：企业网上银行服务的内容有哪些？

拥有银行认证中心颁布的证书(在存储 IC 卡或 USBKey 中)，享有账户查询、办理代扣代缴业务；办理汇款业务、对子公司的账户进行实时监控，在集团公司内部及相关企业间进行资金调拨；大批量账户查询、异步批量查询、定频率转账、批量收款等。

问题2：企业网上银行的申请流程有哪些？

企业网上银行的申请流程如下：

(1) 开立账户：若有银行账户，不需要另行开立；若没有银行账户，则应先开立账户。

(2) 填写申请表：在相关开立账户的银行网站上下载并打印填写书面的网上银行企业客户申请表。填写完成后加盖企业法人代表或法人代理人印章和企业公章。

(3) 到银行办理：填写客户注册登记表，携带加盖公章的营业执照副本的复印件、法人身份证复印件、经办人等相关操作员的身份证原件及复印件、法人授权委托书，到开户银行签订网上银行企业客户服务协议，办理正式注册手续。

(4) 获取USBKey及口令：支付费用领取USBKey(一般申请三个)、口令信封和客户端安全代理软件；客户申请成功后次日，可以登录银行网站点击“网上银行”——“证书下载”；输入客户识别号与初始登录密码(默认为营业执照号码的后六位)，自行下载客户端证书；下载客户端证书后就可以登录网上银行办理交易了。

问题3：如何进行网上支付结算？

申请网上支付结算时，一般银行会给企业及各不同权限的USBKey，并且每个USBKey的密码不同。企业获得USBKey及口令之后，就可以进行网上支付的相关操作了。

由于银行给企业的USBKey分有不同的权限，企业使用USBKey进行网上支付既可以减少了网络交易给企业带来的资金风险，又可以防止企业内部私自挪用资金。企业在使用支付业务时，不同岗位的人员根据自己的权限进行相关操作。一般情况下，USBKey的使用者主要有三个角色：操作员、复核员、管理员。

1. 操作员

USBKey的操作员权限一般由出纳员拥有，主要负责信息的录入。

操作员主要是支付款项时，负责录入相关的交易信息，需要录入的信息包括以下三点：

(1) 收款人信息：收款人账号、名称、收款银行。

(2) 交易信息：即支付金额。

(3) 操作：以上信息输入并核对完毕后单击确定，输入USBKey密码并发送给复核员进行复核。

2. 复核员

USBKey的复核员一般是会计经理或财务主管，主要负责审核出纳员提交的付款信息。复核一般分为复核信息无误和复核信息有误两种情况：

(1) 当复核员发现复核的信息无误时，只需单击提交并输入USBKey密码，再单击确定，则直接转发给管理员。

(2) 当复核员发现复核的信息有误时，单击拒绝支付并输入USBKey密码，再单击确定，则直接拒绝支付并返回给操作员即出纳员进行相应的修改操作。

3. 管理员

USBKey 的管理员权限一般是总经理，主要负责对操作员和复核员的权限控制及复核功能。管理员复核信息也分为复核信息无误和复核信息有误两种：

（1）管理员进入界面后，找到付款信息，当管理员确认信息无误时，点击提交并输入 USBKey 密码，再点击确定，此事该笔款项网上支付完成。

（2）管理员进入界面后，找到付款信息，当管理员确认信息有误时，则直接点击拒绝支付并输入 USBKey 密码，则该笔付款信息返回给出纳员进行相应的修改操作。

网上支付交易成功后，出纳员就可以在网上银行查找付款信息并可以打印出盖有银行签章的回单；出纳员也可以在交易成功后的第二天到开户银行领取回单。

【实例 5-11】 2022 年 6 月 11 日，无锡市江南股份有限公司通过企业网银发放上月工资，相关原始凭证如图表 5-37、图表 5-38、图表 5-39 所示。（注：工资结算明细表从略）

图表 5-37 银行单位客户专用回单

ICBC 中国工商银行单位客户专用回单 No 572

币别：人民币　　2022 年 06 月 11 日　　流水号：276544873672786588 6

付款人	全称	无锡市江南股份有限公司		收款人	全称											
	账号	204315344565289321			账号											
	开户行	中国工商银行无锡建业支行			开户行											
金额		人民币（大写）叁拾壹万柒仟壹佰壹拾陆元整				千	百	十	万	千	百	十	元	角	分	
							¥	3	1	7	1	1	6	0	0	
凭证种类		电子转账凭证	凭证号码		46653746809											
结算方式		转账	用途		工资											

打印柜员：320654202
打印机构：中国工商银行无锡建业支行
打印卡号：4320000000012563

中国工商银行无锡建业支行 电子回单 专用章

（借方凭证）（付款人回单）

打印时间 2022-6-11　　交易柜员　　交易机构：32176813

图表 5-38　转账支票存根

中国工商银行
转账支票存根

$\frac{GY}{02}$10815316

附加信息

出票日期：2022 年 06 月 11 日

收款人：本单位工资户
金额：￥317 116.00
用途：银行代发5月份工资

单位主管 洪凯生　　　　会计 龚丽

图表 5-39　工资结算汇总表

无锡市江南股份有限公司 2022 年 05 月工资汇总表

单位：元

部门	应发工资	个人缴纳社保费	个人缴纳住房公积金	个人缴纳所得税	实发工资	单位缴纳社保费	单位缴纳住房公积金	单位支出
总经办	38 600.00	4 053.00	3 088.00	421.00	31 038.00	8 933.97	3 088.00	50 621.97
行政科	12 400.00	1 302.00	992.00		10 106.00	2 869.98	992.00	16 261.98
生产科	16 900.00	1 774.50	1 352.00	68.25	13 705.25	3 911.51	1 352.00	22 163.51
财务科	23 500.00	2 467.50	1 880.00	81.75	19 070.75	5 439.08	1 880.00	30 819.08
市场科	11 700.00	1 228.50	936.00		9 535.50	2 707.97	936.00	15 343.97
采购科	13 400.00	1 407.00	1 072.00		10 921.00	3 101.43	1 072.00	17 573.43
仓储科	9 500.00	997.50	760.00		7 742.50	2 198.78	760.00	12 458.78
生产车间	187 600.00	19 698.00	15 008.00		152 894.00	43 420.02	15 008.00	246 028.02
辅助车间	76 200.00	8 001.00	6 096.00		62 103.00	17 636.49	6 096.00	99 932.49
合计	389 800.00	40 929.00	31 184.00	571.00	317 116.00	90 219.23	31 184.00	511 203.23

总经理：洪凯生　　　　审核人：龚丽　　　　制表：许佳敏

【实例 5-12】　2022 年 6 月 13 日，无锡市江南股份有限公司通过企业网银缴纳 5 月份住房公积金，相关原始凭证如图表 5-40、图表 5-41 所示。（注：图表 5-41 显示部分职工住房公积金缴存单位汇补明细，其余从略）

图表 5-40　银行回单

ICBC 中国工商银行单位客户专用回单　　No 598

币别：人民币　　2022 年 06 月 13 日　　流水号：2765448736727867432

付款人	全称	无锡市江南股份有限公司	收款人	全称	惠山区公积金网上缴费银行托收挂账账户
	账号	204315344565289321		账号	320688999000653002
	开户行	中国工商银行无锡建业支行		开户行	中国工商银行无锡惠山区支行营业部
金额	人民币（大写）陆万贰仟叁佰陆拾捌元整				千 百 十 万 千 百 十 元 角 分 ¥ 6 2 3 6 8 0 0
凭证种类	电子转账凭证		凭证号码	46653746818	
结算方式	转账		用途	住房公积金托收	

打印柜员：320654202

打印机构：中国工商银行无锡建业支行

打印卡号：4320060000012674

中国工商银行无锡建业支行 电子回单 专用章

（借方凭证）（付款人回单）

打印时间 2022-06-13　　交易柜员　　交易机构：32176813

图表 5-41　住房公积金单位汇补缴存明细表

无锡市住房公积金缴存单位汇补缴存明细表

单位名称		无锡市江南股份有限公司				
单位住房公积金代码		680033656				
序号	个人住房公积金账号	姓名	业务类别	汇补缴存金额	缴存月份	入账日期
1	2065466326	洪凯生	汇缴	2 468	202205	20220513
2	8005487627	肖　敏	汇缴	1 732	202205	20220513
3	3245879254	祝　云	汇缴	846	202205	20220513
4	9067452522	袁红萍	汇缴	1 656	202205	20220513
5	1337865430	许佳敏	汇缴	984	202205	20220513
6	7653422906	龚　丽	汇缴	638	202205	20220513

【实例 5-13】 2022 年 6 月 13 日，无锡市江南股份有限公司通过企业网银支付前欠货款，相关原始凭证如图表 5-42、图表 5-43 所示。

图表 5-42　付款申请书

无锡市江南股份有限公司付款申请书

2022 年 06 月 13 日

用途及情况	金额											收款单位：无锡市滨湖钢管有限公司
支付欠货款	亿	千	百	十	万	千	百	十	元	角	分	账号：32323209977700342
				¥	5	6	5	0	0	0	0	开户行：交通银行无锡滨湖支行
金额大写（合计）	人民币伍万陆仟伍佰元整　银行付讫											电汇□　转账□　汇票□　网银☑　其他□

总经理	洪凯生	财务部门	经理	袁红萍	经办部门	经理	王峰
			会计	龚丽		经办人	鲁基业

图表 5-43　银行回单

ICBC 中国工商银行单位客户专用回单　　No 598

币别：人民币　　2022 年 06 月 13 日　　流水号：2765448736727867432

付款人	全　称	无锡市江南股份有限公司	收款人	全　称	无锡市滨湖钢管有限公司
	账　号	204315344565289321		账　号	32323209977700342
	开户行	中国工商银行无锡建业支行		开户行	交通银行无锡滨湖支行

金　额	人民币（大写）伍万陆仟伍佰元整	千	百	十	万	千	百	十	元	角	分
				¥	5	6	5	0	0	0	0

凭证种类	电子转账凭证	凭证号码	46653746818
结算方式	转账	用　途	货款

打印柜员：320654202

打印机构：中国工商银行无锡建业支行

打印卡号：432000000012765

（中国工商银行无锡建业支行 电子回单 专用章）

（借方凭证）（付款人回单）

打印时间 2022-06-13　　交易柜员　　交易机构：32176813

【实例 5-14】 2022 年 6 月 15 日，无锡市江南股份有限公司收到上月销售商品的销货款，银行单位客户专用回单如图表 5-44 所示。

图表 5-44 银行回单

ICBC 中国工商银行单位客户专用回单 No 963

币别：人民币 2022 年 06 月 15 日 流水号：27654487367278696543

付款人	全称	无锡市江海贸易有限公司	收款人	全称	无锡市江南股份有限公司
	账号	20431534450005632228		账号	20431534456528 9321
	开户行	中国工商银行无锡旺庄路支行		开户行	中国工商银行无锡建业支行

金额		千	百	十	万	千	百	十	元	角	分
	人民币（大写）人民币伍万陆仟伍佰元整			¥	5	6	5	0	0	0	0

凭证种类	电子转账凭证	凭证号码	2202486535
结算方式	转账	用途	货款

打印柜员：320654202

打印机构：中国工商银行无锡建业支行

打印卡号：4320000000012986

中国工商银行无锡建业支行 电子回单 专用章

项目 6

日记账的登记

模块 1　日记账的常识

问题1：出纳人员应登记哪些账簿?

在实际工作中，出纳人员应主要登记现金日记账和银行存款日记账，根据需要还要登记备查簿。

问题2：怎样启用日记账?

出纳人员在启用日记账时，应填制账簿扉页的“账簿启用及接交表”。“账簿启用及接交表”分为两部分，上半部分为账簿启用表，在启用账簿时填写；下半部分为账簿接交表，在办理交接时填写。“账簿启用及接交表”格式如图表 6-1 所示。

图表 6-1　账簿启用及接交表

账 簿 启 用 及 接 交 表

<table>
<tr><td>单位名称</td><td colspan="7"></td><td colspan="3">印 鉴</td></tr>
<tr><td>账簿名称</td><td colspan="7">（第　　册）</td><td colspan="3" rowspan="4"></td></tr>
<tr><td>账簿编号</td><td colspan="7"></td></tr>
<tr><td>账簿页数</td><td colspan="7">本账簿共计　　页（账簿页数检点人盖章　　）</td></tr>
<tr><td>启用日期</td><td colspan="7">公元　　年　　月　　日</td></tr>
<tr><td rowspan="3">经 管
人 员</td><td colspan="3">单位主管</td><td colspan="2">财务主管</td><td colspan="2">复 核</td><td colspan="3">记 账</td></tr>
<tr><td>姓 名</td><td colspan="2">盖章</td><td>姓 名</td><td>盖章</td><td>姓 名</td><td>盖章</td><td>姓 名</td><td colspan="2">盖章</td></tr>
<tr><td></td><td colspan="2"></td><td></td><td></td><td></td><td></td><td></td><td colspan="2"></td></tr>
<tr><td rowspan="6">接
交
记
录</td><td colspan="2">经管人员</td><td colspan="4">接 管</td><td colspan="4">交 出</td></tr>
<tr><td>职别</td><td>姓名</td><td>年</td><td>月</td><td>日</td><td>盖章</td><td>年</td><td>月</td><td>日</td><td>盖章</td></tr>
<tr><td></td><td></td><td></td><td></td><td></td><td></td><td></td><td></td><td></td><td></td></tr>
<tr><td></td><td></td><td></td><td></td><td></td><td></td><td></td><td></td><td></td><td></td></tr>
<tr><td></td><td></td><td></td><td></td><td></td><td></td><td></td><td></td><td></td><td></td></tr>
<tr><td></td><td></td><td></td><td></td><td></td><td></td><td></td><td></td><td></td><td></td></tr>
<tr><td>备注</td><td colspan="10"></td></tr>
</table>

【实例 6-1】 2022 年 6 月 30 日，无锡市江南股份有限公司第二本现金日记账已用完，现启用第三本现金日记账。该公司法人代表：洪凯生；财务主管：王强；复核：龚丽；出纳：许佳敏。2022 年 6 月 30 日，启用第三本现金日记账时填写账簿启用及接交表，如图表 6-2 所示。

图表 6-2 账簿启用及接交表

江苏省财政厅 监制

账簿启用及接交表

单位名称	无锡市江南股份有限公司	印鉴
账簿名称	现金日记账 （第 三 册）	无锡市江南股份有限公司财务专用章
账簿编号		
账簿页数	本账簿共计 100 页（账簿页数检点人盖章 许佳敏）	
启用日期	公元 2022年 06 月 30 日	

经管人员	单位主管		财务主管		复核		记账	
	姓名	盖章	姓名	盖章	姓名	盖章	姓名	盖章
	洪凯生	洪凯生	袁红萍	袁红萍	龚丽	龚丽	许佳敏	许佳敏

接交记录	经管人员		接管				交出			
	职别	姓名	年	月	日	盖章	年	月	日	盖章
备注										

问题3：登记日记账应遵循哪些记账规则？

出纳人员在登记日记账时，必须严格遵守下列规则：

（1）登记日记账时，应将收付款凭证的日期、种类和编号、业务内容摘要、金额等逐项记入账内，做到数字准确、摘要清楚、登记及时、字迹工整。

（2）登账完毕后，要在收付款凭证上签名或盖章，并注明已登账的符号“√”，表示已经记账。

（3）日记账中书写的文字和数字上面要留有适当空格，不要写满格，应紧靠本格左线和底线，字体大小通常占格距的 1/2。

（4）为了使日记账记录清晰、防止涂改，记账时应使用蓝黑墨水或碳素墨水书写，不得使用圆珠笔（除银行的复写账簿外）或铅笔书写。

（5）有下列情况，日记账可以使用红色墨水记账：①结账划通栏红线；②冲销错账。

（6）日记账应按页次顺序连续登记，不得跳行、隔页。如果发生跳行、隔页，应将空行、空页画线注销，或者注明“此行空白”“此页空白”字样，并由记账人员签名或盖章，不得任意撕毁账页。

（7）日记账必须逐日结出余额。

（8）账页记满时，应办理转页手续。每一账页登记完毕结转下页时，应结出本页合计数及余额，写在本页最后一行和下页第一行有关栏内，并在摘要栏内注明“过次页”和“承前页”字样；或者将本页合计数及余额只写在下页第一行有关栏内，并在摘要栏内注明“承前页”字样。日记账结计“过次页”的金额应为自本月月初起至本页末止的发生额合计数。

（9）实行会计电算化的单位，发生收款和付款业务的，在输入收款凭证和付款凭证的当天必须打印出现金日记账和银行存款日记账，并与库存现金核对无误。

问题4：日记账是如何设置的？

日记账的账簿形式必须采用订本式，其格式通常采用三栏式。

现金日记账应按币种设置，我国企业通常设置人民币现金日记账，企业如果有外币现金业务，应另设外币现金日记账。

银行存款日记账应按银行账号开设，可根据银行账号分别设置银行存款日记账。例如，企业有五个银行账号，则应分别设置五本银行存款日记账。

问题5：日记账登记时的依据是哪些记账凭证？

在采用专用记账凭证时，现金日记账登记的依据是现金收款凭证、现金付款凭证和部分银行付款凭证（从银行提取现金的业务）；在采用通用记账凭证时，登记的依据是涉及“库存现金”科目的记账凭证。

在采用专用记账凭证时，银行存款日记账登记的依据是银行收款凭证、银行付款凭证和部分现金付款凭证（库存现金存入银行的业务）；在采用通用记账凭证时，登记的依据是涉及“银行存款”科目的记账凭证。

问题6：如何办理日记账转页手续？

在账页记满时，应办理转页手续。每一页账页登记完毕结转下页时，应结出本月发生额及余额，写在本页最后一行内，并在摘要栏内注明“过次页”字样；日记账结计“过次页”的合计数应为自本月月初起至本页止的发生额合计数；在次页第一行摘要栏注明“承前页”字样，并将前一页“过次页”的金额抄过来。

问题7：如何进行日记账结账？

日记账的结账方式分为日结、月结、年结三种。

（1）日结：日记账应按日结出余额，要结出本日发生额及余额，在摘要栏内注明“本日合计”字样，并在下面通栏划单红线。

（2）月结：月末要结出本月发生额及余额，在摘要栏内注明“本月合计”字样，并在下面通栏划单红线。

（3）年结：年末要结出本年累计发生额及余额，在摘要栏内注明“本年累计”字样，并在下面通栏划双红线。

问题8：如何进行日记账年终更换？

日记账必须每年更换，在年度终了结账后，将日记账余额结转下年，并在摘要栏注明“结转下年”字样，在贷方填上结转的余额数；在下一会计年度新建日记账的第一页摘要栏内注明“上年结转”字样并在余额栏内填上上年结转的余额。

模块 2 登记现金日记账

问题1：如何做到现金“日清日结”？

单位的现金要做到日清日结，具体包括以下三个方面：

（1）登记现金日记账：根据当天的现金收支业务登记现金日记账。

（2）盘点并核对现金：每日将实际盘点的库存现金与现金日记账账面余额进行核对，保证账实相符。

（3）单据移交给会计人员：出纳人员要将当天业务及凭证进行整理，编制一式两份的交接表，并且将凭证移交给会计人员，由会计人员编制记账凭证。

问题2：如何登记现金日记账？

三栏式现金日记账（图表 6-3）具体登记方法如下：

图表 6-3 现金日记账

现金日记账

年		凭证号数	对方科目	摘　要	√	收入(借方)金额	付出(贷方)金额	结存金额
月	日							

(1) 日期栏:填写编制记账凭证的日期,应与现金实际收付日期一致。

(2) 凭证栏:登记入账的收、付款凭证的种类和编号。例如,“现金付款凭证”可以缩写为“现付”,“现金收款凭证”可以缩写为“现收”。凭证栏还应登记记账凭证的编号数,以便于核查。

(3) 对方科目栏:现金收入或支出对应的总分类科目名称。例如,以现金借出备用金,其对方科目为“其他应收款”。对方科目的作用在于了解经济业务的来龙去脉。对方科目有多个时,应填写主要对方科目,而不能将一笔现金增加业务拆为两个或多个对方科目。例如,销售商品收到现金对方科目有“主营业务收入”和“应交税费”,可在对方科目栏中写“主营业务收入”等。

(4) 摘要栏:简要说明入账的经济业务内容,力求简明扼要。

(5) 收入、付出、余额栏:登记现金收付的实际金额。每日终了时,对当日有两笔或两笔以上收支业务的应分别计算现金收入和支出的合计数,并结出余额;若本日发生业务只有一笔时,只需结出余额。

(6) 转次页:为本月的库存现金收入、支出合计金额。

【实例 6-2】 2022 年 1 月 1 日,无锡市江南股份有限公司现金上年转入 7 500 元;2022 年 11 月 30 日,结账后余额 6 000.00 元;2022 年 12 月 27 日,现金日记账余额 16 359.95 元;2022 年 12 月 28 日至 12 月 31 日有关现金收支业务的记账凭证如图表 6-4、图表 6-5、图表 6-6 所示(图表 6-6 为简化记账凭证)。

图表 6-4　记账凭证

收款凭证

借方科目：库存现金　　2022 年 12 月 28 日　　现收字 第 32 号

摘要	贷方科目	明细科目	十	万	千	百	十	元	角	分	√
收回备用金	其他应收款	备用金（精平）				1	7	2	0	0	√
合　计					¥	1	7	2	0	0	

附单据 1 张

会计主管：　记账：　复核：　出纳：魏华　制单：龚丽

图表 6-5　记账凭证

付款凭证

贷方科目：库存现金　　2022 年 12 月 28 日　　现付字 第 167 号

摘要	借方科目	明细科目	十	万	千	百	十	元	角	分	√
培训费	应付职工薪酬	教育经费				5	0	0	0	0	√
合　计					¥	5	0	0	0	0	

附单据 1 张

会计主管：　记账：　复核：　出纳：魏华　制单：龚丽

图表 6-6　简化记账凭证

简化记账凭证

时间	编号	摘要	会计分录（记账凭证）	√
12 月 28 日	现付 168	电脑修理费	借：管理费用——修理费　760.00 贷：库存现金　760.00	√
12 月 28 日	银付 87	提取备用金	借：库存现金　10 000.00 贷：银行存款　10 000.00	√

（续表）

时间	编号	摘要	会计分录（记账凭证）	√
12月31日	现收33	销售商品	借：库存现金 678.00 贷：主营业务收入 600.00 应交税费——应交增值税（销项税额）78.00	√
12月31日	现付169	报销入托费	借：应付职工薪酬——职工福利 450.00 贷：库存现金 450.00	√
12月31日	现付170	购入办公用品	借：管理费用——办公费 288.50 应交税费——应交增值税（进项税额）37.50 贷：库存现金 326.00	√
12月31日	现付171	报销差旅费	借：管理费用——差旅费 2 400.00 贷：库存现金 2 400.00	√
12月31日	现付172	报销业务招待费	借：管理费用——业务招待费 720.00 贷：库存现金 720.00	√
12月31日	现收34	收回职工借款	借：库存现金 2 000.00 贷：其他应收款——职工借款（王迪） 2 000.00	
12月31日	现收35	职工向灾区捐款	借：库存现金 7 540.00 贷：其他应付款——红十字会 7 540.00	√
12月31日	现付173	付红十字会捐款	借：其他应付款——红十字会 7 540.00 贷：库存现金 7 540.00	√
12月31日	现收36	销售商品	借：库存现金 791.00 贷：主营业务收入 700.00 应交税费——应交增值税（销项税额）91.00	√
12月31日	现付174	销售款存入银行	借：银行存款 1 469.00 贷：库存现金 1 469.00	√

根据上述记账凭证，登记无锡市江南股份有限公司2022年1月3日至1月4日现金日记账，如图表6-7、图表6-8所示。

图表6-7 现金日记账

现金日记账 29

2022年 月	日	凭证号数	对方科目	摘要	√	收入（借方）金额	付出（贷方）金额	结存金额
12	27			承前页		167 057.67	139 575.22	33 482.45
				（略）				
12	27			本日合计		20 568.00	37 690.50	16 359.95
12	28	现收32	其他应收款	收多余备用金		172.00		
	28	现付167	应付职工薪酬	统计员培训费			500.00	
	28	现付168	管理费用	电脑修理费			760.00	
	28	银付87	银行存款	提取备用金		10 000.00		
12	28			本日合计		10 172.00	1 260.00	25 271.95
				过次页		197 797.67	178 525.72	25 271.95

图表 6-8　现金日记账

现金日记账　30

2022 年 月	日	凭证号数	对方科目	摘　要	√	收入(借方)金额	付出(贷方)金额	结存金额
12	31			承前页		197 797.67	178 525.72	25 271.95
	31	现收 33	主营业务收入等	销售商品		678.00		
	31	现付 169	应付职工薪酬	报销入托费			450.00	
	31	现付 170	管理费用等	购办公用品			326.00	
	31	现付 171	管理费用	报销差旅费			2 400.00	
	31	现付 172	管理费用	业务招待费			720.00	
	31	现收 34	其他应收款	职工归还借款		2 000.00		
	31	现收 35	其他应付款	收捐款		7 540.00		
	31	现付 173	其他应付款	上交捐款			7 540.00	
	31	现收 36	主营业务收入等	销售商品		791.00		
	31	现付 174	银行存款	解存银行			1 469.00	
12	31			本日合计		11 009.00	12 905.00	23 375.95
	31			本月合计		208 806.67	191 430.72	23 375.95
	31			本年累计		2 139 740.00	2 123 864.05	23 375.95
	31			结转下年			23 375.95	

提示:(1) 2022 年 12 月 31 日余额＝25 271.95＋11 009.00－12 905.00＝23 375.95(元)。
(2) 月末余额＝6 000.00＋208 806.67－191 430.72＝23 375.95(元)。
(3) 年末余额＝7 500＋2 139 740－2 123 864.05＝23 375.95(元)。

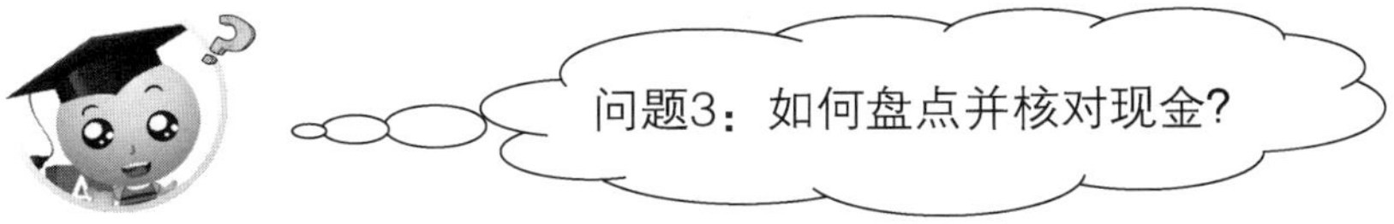

出纳人员在下班前将现金日记账登记完毕后，需要盘点现金实有数并将其与现金日记账余额进项核对，确认账实是否相符。若两者有差异，出纳人员需要找出原因并进行处理。

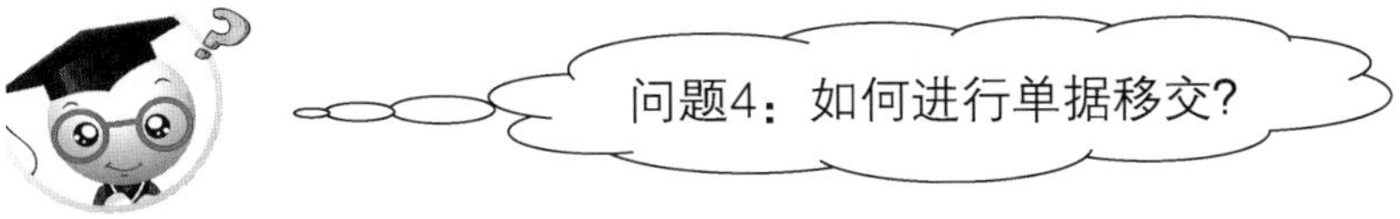

出纳人员经手的各种原始凭证，一旦丢失无法补办，因此出纳人员很可能面临因丢失单据承担相应的责任。出纳人员应及时将相关凭证交接给会计人员，重要的单据在交接时需

要填写单据交接单(一式两份)(图表6-9),由双方签字确认,以明确责任。

图表6-9　单据交接单

单据交接单

*2022*年*12*月*05*日

序号	报账部门	报账人	金额	票据名称	附件张数	财务签收
1	办公室	符娟	1 260.00	报销单	3	√
2	销售科	王卿	670.00	报销单	2	√
3	供应科	师冲	2 000.00	借条	1	√

移交人签字:魏华　　　　接收人签字:龚丽

模块3　登记银行存款日记账

三栏式银行存款日记账的具体登记方法如下:

(1) 日期栏:填写编制记账凭证的日期,应与银行存款实际收付日期一致。

(2) 凭证栏:登记入账的收、付款凭证的种类和编号,如"银行付款凭证"可以缩写为"银付","银行收款凭证"可以缩写为"银收"。凭证栏还应登记记账凭证的编号数,以便于核查。

(3) 对方科目栏:银行存款收入或支出对应的总分类科目名称。例如,购进材料并验收入库业务,其对方科目为"原材料"等。

(4) 摘要栏:简要说明入账的经济业务的内容,力求简明扼要。

(5) 结算凭证栏:如果所记录的经济业务是采用支票方式付款结算的,应在此栏内填写相应的支票号码,以便与开户银行对账。

(6) 收入、付出、余额栏:登记银行存款收付的实际金额。每日终了时,对有两笔或两笔以上收支业务的应分别计算现金收入和支出的合计数,并结出余额;若本日发生业务只有一笔时,则只需结出余额,做到月结。月终,同样要计算出全月银行收入、付出合计数和结存数,做到月结。

【实例6-3】　无锡市江南股份有限公司2022年1月3日银行存款日记账(账号20431534465289321)余额为2 526 798.00元,相关银行存款收支业务记账凭证如图表6-10、图表6-11所示(图表6-11为简化记账凭证)。

图表 6-10　记账凭证

收款凭证

借方科目：银行存款　　　2022年01月03日　　　银收字第1号

摘要	贷方科目	明细科目	金额 十	万	千	百	十	元	角	分	√
汇票余款入账	其他货币资金	汇票存款			4	3	0	0	0	0	
合　计				¥	4	3	0	0	0	0	

附单据1张

会计主管：　记账：　复核：王强　出纳：魏华　制单：龚丽

图表 6-11　简化记账凭证

简化记账凭证

时间	编号	摘要	会计分录(记账凭证)	记账符号
01月03日	银付1号	提取备用金(现支# 4566)	借：库存现金　5 000 贷：银行存款　5 000	√
01月03日	银收2号	销售商品	借：银行存款　169 500 贷：主营业务收入　150 000 应交税费——应交增值税　19 500	√
01月03日	银付2号	付徐钢材料款	借：在途物资　186 500 应交税费——应交增值税　24 245 贷：银行存款　210 745	√
01月03日	银付3号	12月份税费	借：应交税费——应交增值税　86 754.00 ——应交城建税　6 072.78 ——应交教育附加费　2 602.62 贷：银行存款　95 429.40	√
01月03日	银收3号	东方公司贷款回笼	借：银行存款　307 806 贷：应收账款——东方公司　307 806	√
01月03日	银付4号	绿化费	借：管理费用　1 670 贷：银行存款　1 670	√
01月03日	银付5号	银行代发工资	借：应付职工薪酬——工资　246 895 贷：银行存款　246 895	√
01月03日	银付6号	支付代扣款	借：其他应付款——社会保险　47 981 应交税费——个人所得税　2 178 贷：银行存款　50 159	√

（续表）

时间	编号	摘要	会计分录（记账凭证）	记账符号
01 月 03 日	银付 7 号	12 月份电话费	借：管理费用 8 700 贷：银行存款 8 700	√
01 月 03 日	银收 4 号	大江公司商业汇票款到账	借：银行存款 100 000 贷：应收票据——大江公司 100 000	√
01 月 03 日	银收 5 号	红星公司预付款	借：银行存款 250 000 贷：预收账款——红星公司 250 000	√
01 月 04 日	银收 6 号	出售不需用设备	借：银行存款 38 700 贷：固定资产清理 38 700	√
01 月 04 日	银付 8 号	晚报广告费	借：销售费用 15 000 贷：银行存款 15 000	√
01 月 04 日	银收 7 号	收顺通公司欠货款	借：银行存款 216 000 贷：应收账款——顺通公司 216 000	√
01 月 04 日	银付 9 号	还短期借款	借：短期借款 600 000 应付利息 6 000 财务费用 1 430 贷：银行存款 607 430	√
01 月 04 日	银付 10 号	购入设备	借：固定资产 156 000 应交税费——应交增值税 20 280 贷：银行存款 176 280	√
01 月 04 日	银付 11 号	提现备用	借：库存现金 6 000 贷：银行存款 6 000	√
01 月 04 日	银付 12 号	银行转发季度奖金	借：应付职工薪酬——职工工资 180 960 贷：银行存款 180 960	√
01 月 04 日	银付 13 号	购办公家具	借：周转材料——低值易耗品 16 000 应交税费——应交增值税 2 080 贷：银行存款 18 080	√
01 月 04 日	银付 14 号	办理银行汇票	借：其他货币资金——银行汇票 150 000 贷：银行存款 150 000	√
01 月 04 日	银收 8 号	销售商品	借：银行存款 402 280 贷：主营业务收入 356 000 应交税费——应交增值税 46 280	√
01 月 04 日	银付 15 号	退红星公司余款	借：预收账款——红星公司 6 800 贷：银行存款 6 800	√
01 月 04 日	银收 9 号	借入 6 个月的借款	借：银行存款 500 000 贷：短期借款 500 000	√

根据上述记账凭证登记无锡市江南股份有限公司 2022 年 1 月 3 日和 1 月 4 日银行存款日记账，如图表 6-12、图表 6-13 所示。

图表 6-12　银行存款日记账

银行存款日记账　　19

2022 年 月	日	凭证号数	对方科目	摘　要	收入(借方)金额	付出(贷方)金额	结存金额
01	03			上年转入			2 526 798.00
	03	银收 1	其他货币资金	汇票余款入账	4 300.00		
	03	银付 1	库存现金	提现备用		5 000.00	
	03	银收 2	主营业务收入等	销售商品	169 500.00		
	03	银付 2	在途物资等	徐钢材料款		210 745.00	
	03	银付 3	应交税费	付相关税费		95 429.40	
	03	银收 3	应收账款	东方公司货款	307 806.00		
	03	银付 4	管理费用	付绿化费		1 670.00	
	03	银付 5	应付职工薪酬	银行代发工资		246 895.00	
	03	银付 6	其他应付款等	付代扣款		50 159.00	
	03	银付 7	管理费用	付 12 月份电话费		8 700.00	
				过次页	481 606.00	618 598.40	2 389 805.60

图表 6-13　银行存款日记账

银行存款日记账　　20

2022 年 月	日	凭证号数	对方科目	摘　要	收入(借方)金额	付出(贷方)金额	结存金额
				承前页	481 606.00	618 598.40	2 389 805.60
01	03	银收 4	应收票据	商业汇票款到账	100 000.00		
	03	银收 5	应收账款	红星公司预付款	250 000.00		
01	03			本日合计	831 606.00	618 598.40	2 739 805.60
	04	银收 6	固定资产清理	出售闲置设备	38 700.00		
	04	银付 8	销售费用	晚报广告费		15 000.00	
	04	银收 7	应收账款	顺通公司欠货款	216 000.00		
	04	银付 9	短期借款等	还借款及利息		607 430.00	
	04	银付 10	固定资产等	购入设备		176 280.00	
	04	银付 11	库存现金	提现备用		6 000.00	
	04	银付 12	应付职工薪酬	银行转发奖金		180 960.00	
	04	银付 13	周转材料等	购办公家具		18 080.00	
	04	银付 14	其他货币资金	办理银行汇票		150 000.00	

（续表）

2022年		凭证号数	对方科目	摘　要	收入（借方）金额	付出（贷方）金额	结存金额
月	日						
01	04	银收 8	主营业务收入等	销售商品	402 280.00		
	04	银付 15	预收账款	退红星公司余款		6 800.00	
	04	银收 9	短期借款	借短期借款	500 000.00		2 736 235.60
01	04		本日合计		1 156 980.00	1 160 550.00	2 736 235.60

模块4　资金报表的编制

问题1：什么是资金报表？

资金报表是反映企业一定时间内库存现金、银行存款等资金收付情况，为企业管理层提供整体资金信息的报表。资金报表分为日报表、月报表等。

资金报表反映的信息既直观又简洁，编制资金报表是出纳人员的一项必不可少的工作。

问题2：资金报表的格式是怎样的？

编制资金报表的目的是及时、正确地反映一定时间内单位资金的收入、付出、结余情况，为公司的经营决策提供依据。其格式可根据使用者的要求自行设计，其基本格式如图表6-14所示。

图表6-14　资金报表

资　金　报　表

编制单位：　　　　　　　　　　　　编制期间：　　　　　　　　　　　　日期：

资金项目 / 收支项目	资金合计	库存现金	银行存款（基本户）	银行存款（其他户）
一、上期结余				
二、本期收入				
1. 经营收入				
2. 银行贷款				

（续表）

资金项目 收支项目	资金合计	库存现金	银行存款(基本户)	银行存款(其他户)
3. 收取押金				
4. 收回借款				
5. 预收货款				
6. 其他收入				
本期收入合计				
三、本期支出				
1. 支付货款				
2. 发放工资				
3. 偿还贷款				
4. 预付货款				
5. 缴纳押金				
6. 日常费用				
7. 固定资产购置				
8. 办公用品购置				
9. 借出备用金				
10. 其他				
本期支出合计				
四、期末资金结余				

复核：　　　　　　　　　　　　　　　　　编制：

资金报表分为日报表、月报表等。资金报表的编制要视单位资金流动量的情况而定，若单位资金流动量大，就会要求按日编制资金报表；若单位资金流动量不大，一般要求按月编制资金报表。

资金报表一般根据现金日记账和银行存款日记账编制，具体编制步骤如下：

(1) 上期结余项目：分别根据现金日记账期初余额、银行存款日记账期初余额分析填列，再计算资金合计栏。

(2) 本期收入项目：分别根据现金日记账、银行存款日记账借方发生额分析填列，再计算资金合计栏。

(3) 本期支出项目：分别根据现金日记账、银行存款日记账贷方发生额分析填列，再计算资金合计栏。

（4）期末资金结余项目：期末结余资金＝上期结余资金＋本期收入资金－本期付出资金。

问题4：如何检验资金报表编制结果的准确性？

为了保证资金报表的准确性，应在编制完毕后进行检验，具体检验方法如下：

（1）库存现金部分：将资金报表中现金收入合计与现金日记账中本日借方合计数进行核对；将资金报表中现金支出合计与现金日记账中本日贷方合计数进行核对。

（2）银行存款部分：将资金报表中银行存款收入合计与银行存款日记账中本日借方合计数进行核对；将资金报表中银行存款支出合计与银行存款日记账中本日贷方合计数进行核对。

（3）将资金报表中期末资金余额分别于现金日记账和银行存款日记账余额进行核对。

项 目 7

现金、银行存款的其他业务

模块1 现金的清查

问题1：现金清查的方法是什么?

现金的清查，应采用实地盘点的方法，即将盘点库存现金实有数与现金日记账余额进行核对。

问题2：怎样进行现金清查?

出纳人员应根据当日现金日记账的账面余额自行盘点核对，做到日清日结，账款相符。同时，企业还应组织清查人员对库存现金进行定期或不定期清查，确定库存现金的实有数，并将其与现金日记账的账面余额核对，以查明账实是否相符和盈亏情况。

在进行现金清查时，为了明确经济责任，出纳人员必须在场，在清查过程中不能用白条抵库，也就是说，不能用不具有法律效力的借条、收据等抵充库存现金。现金盘点后，应根据盘点的结果和现金日记账核对的情况，填制现金盘点报告表。现金盘点报告表是重要的原始凭证，应由盘点人员和出纳人员共同签章方能生效。现金盘点报告表的格式如图表7-1所示。

图表7-1 现金盘点报告表

现金盘点报告表

币种：　　　　　　　　　　　　　　　　盘点日：　　年　　月　　日

票面金额	张数	金额	票面金额	张数	金额
壹佰元			伍角		
伍拾元			贰角		
贰拾元			壹角		
壹拾元			伍分		
伍元			贰分		
贰元			壹分		
壹元					
实际盘点金额合计					
现金日记账账面余额					
加：收入凭证未入账					
减：付出凭证未入账					
调整后现金余额					
实存与账面差额					

盘点人(签字)：　　　　会计主管(签字)：　　　　出纳(签字)：

【实例 7-1】　2022 年 11 月 2 日，无锡市江南股份有限公司派清查小组人员田荣对库存现金进行清查，经盘点库存现金实有数为 3 120 元；现金日记账记录情况如图表 7-2 所示。

图表 7-2　现金日记账

现金日记账

2022 年 月	日	凭证号数	对方科目	摘　要	收入(借方)金额	付出(贷方)金额	结余金额
11	02			承前页	236 780.00	256 009.00	4 500.00
11	02	银付 3	银行存款	提取现金	1 200.00		5 700.00
	02	现付 5	其他应收款	支付差旅费		3 000.00	2 700.00
	02	现付 6	管理费用	购办公用品		150.00	2 550.00
	02	现付 7	管理费用	支付电脑修理费		480.00	2 070.00
	02	现收 2	其他应收款	退回差旅费余款	200.00		2 270.00
	02	现收 3	主营业务收入等	销售产品	1 130.00		
	02	现付 8	材料采购	支付运杂费		500.00	2 900.00
11	02			本日合计	2 530.00	4 130.00	2 900.00

提示：清查小组人员进行现金清查的步骤如下。

(1) 由清查小组人员田荣清点库存现金，经清点现金实际数为 3 120 元(财务经理袁红萍和出纳人员魏华在现场)。

(2)将库存现金实有数与现金日记账余额进行核对，发现长款 220 元(3 120—2 900)。

(3) 找出未入账凭证(图表 7-3)。

(4)对相关未入账的业务进行调整，编入现金盘点报告表(图表 7-4)，如有差异，写明处理意见。

(5) 盘点人员、财务经理、出纳人员签字确认。

图表 7-3　未入账凭证

收　据　　　　No　0008835

2022年 11 月 02 日

交款单位 总务科　　　　收款方式 现金

人民币（大写） 贰佰贰拾元整　　【现金收讫】　¥220.00

收款事由 废品处理

2022 年 11 月 02 日

二 代收款凭证

单位盖章　　财务主管　　记账　　出纳 魏华　　审核　　经办

图表 7-4 库存现金盘点报告表

库存现金盘点报告表

币种： 盘点日：2022 年 11 月 02 日

票面金额	张数	金额	票面金额	张数	金额
壹佰元	18	1 800	伍角		
伍拾元	11	550	贰角		
贰拾元	19	380	壹角		
壹拾元	22	220	伍分		
伍元	18	90	贰分		
贰元	22	44	壹分		
壹元	36	36			
实际盘点金额合计		3 120.00			
现金日记账账面余额		2 900.00			
加：收入凭证未入账		220.00			
减：付出凭证未入账		0			
调整后现金余额		3 120.00			
实存与账面差额		0			

盘点人(签字)：方晶晶 会计主管(签字)：袁红萍 出纳(签字)：魏华

模块 2 银行存款的清查

问题1：如何进行银行存款的清查?

银行存款的清查与库存现金的清查方法不同，不是采用实地盘点法，而是采用对账单法。

银行存款清查的对账单法，是指企业将其银行存款日记账与开户银行送来的对账单进行逐笔核对，查明有无未达账项的一种财产清查方法。

问题2：银行存款日记账的余额与银行对账单的余额为什么不一致?

在实际工作中，企业的银行存款日记账余额与银行对账单余额往往不一致。其原因主要有两个：一是由于本企业与开户银行双方或其中一方记账有错误；二是存在未达账项。

所谓未达账项，是指由于企业与银行之间对于同一项业务取得凭证的时间不同，而发生的一方已取得凭证并登记入账，但另一方尚未取得凭证而尚未登记入账的款项。

未达账项通常有以下四种类型：

（1）企业已收款记账，而银行尚未收款记账。例如，企业销售产品收到一张支票，当即送存银行，企业已登记银行存款的增加，而银行未能及时登记存款的增加，从而形成企业已收款入账，银行尚未收款入账的未达账项。

（2）企业已付款记账，而银行尚未付款记账。例如，企业购买材料开出一张支票，企业已登记银行存款的减少，但持票人没有及时将支票送存银行，银行无法登记存款的减少，从而形成企业已付款入账，银行尚未付款入账的未达账项。

（3）银行已收款记账，而企业尚未收款记账。例如，外地某单位给企业汇来款项，银行收到汇款单后，立即登记存款的增加，而企业尚未收到银行转来的收款通知，无法登记银行存款的增加，从而形成银行已收款入账，企业尚未收款入账的未达账项。

（4）银行已付款记账，而企业尚未付款记账。例如，银行代企业支付电费，银行已登记存款的减少，而企业尚未接到银行转来的付款通知，无法登记存款的减少，从而形成银行已付款入账，企业尚未付款入账的未达账项。

上述任何一种情况产生的未达账项，都将使企业银行存款日记账账面余额与银行对账单余额不一致。出现上述第（1）种和第（4）种两种情况，将使企业银行存款日记账账面余额大于银行对账单余额；出现上述第（2）种和第（3）种两种情况，将使企业银行存款日记账账面余额小于银行对账单余额。

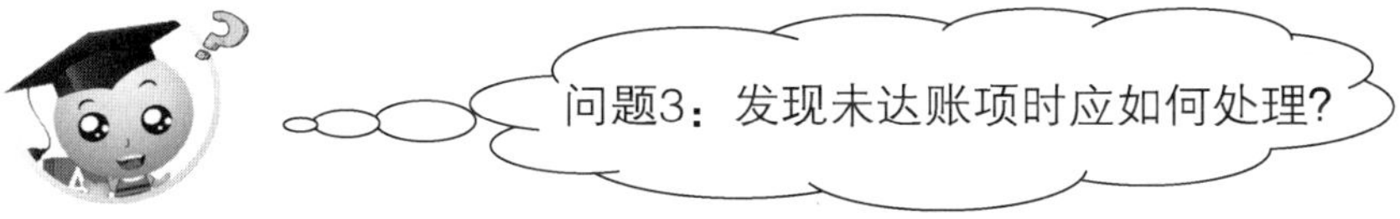

企业与银行对账时，首先应查明有无未达账款，如果有未达账款则应编制“银行存款余额调节表”，对企业银行存款日记账余额和开户银行对账单余额进行调整，以确定银行存款的实有数。

银行存款余额调节表的编制方法，就是根据企业银行存款日记账和银行对账单的余额，各自加上对方已经收款入账，而自己尚未收款入账的款项，减去对方已经付款入账，而自己尚未付款入账的款项，其调节公式如下：

$$\begin{aligned}&\begin{matrix}\text{企业银行存款}\\\text{日记账余额}\end{matrix}+\begin{matrix}\text{银行已收而企业}\\\text{未收的款项}\end{matrix}-\begin{matrix}\text{银行已付而企业}\\\text{未付的款项}\end{matrix}\\=&\begin{matrix}\text{银行对账单}\\\text{余额}\end{matrix}+\begin{matrix}\text{企业已收而银行}\\\text{未收的款项}\end{matrix}-\begin{matrix}\text{企业已付而银行}\\\text{未付的款项}\end{matrix}\end{aligned}$$

【实例 7-2】　无锡市江南股份有限公司 2022 年 10 月 25 日至 10 月 31 日的银行存款日记账和银行送来的对账单的记录情况分别如图表 7-5、图表 7-6 所示。

图表 7-5　银行存款日记账

银行存款日记账

2022 年		凭证号数	对方科目	摘　要	收入(借方)金额	付出(贷方)金额	结余金额
月	日						
10	25	(略)	(略)	承前页	113 457.00	181 417.00	498 240.00
	25	(略)	(略)	收到销货款(银行汇票)	67 860.00√		566 100.00
	26	(略)	(略)	支付材料款(转支＃45223)		86 112.00√	479 988.00
	26	(略)	(略)	收到销货款(转支＃98127)	104 832.00√		584 820.00
	26	(略)	(略)	汇出购货款(网银)		93 600.00√	491 220.00
	28	(略)	(略)	收到销货款(网银)	70 200.00√		561 420.00
	28	(略)	(略)	支付设备款(转支＃45224)		163 800.00√	397 620.00
	29	(略)	(略)	收到销货款(转支＃8464)	121 680.00		519 300.00
	30	(略)	(略)	支付材料运杂费(网银)		9 860.00√	509 440.00
	31	(略)	(略)	支付材料款(网银)		114 660.00	394 780.00

图表 7-6　银行对账单

中国工商银行无锡建业支行对账单

账号:204315344565289321　　单位名称:无锡市江南股份有限公司　　2022 年 10 月 31 日

2022 年		摘　要	借　方	贷　方	借或贷	结余金额
月	日					
10	25	承前页			贷	498 240.00
	26	银行汇票(收到销货款)		67 860.00√	贷	566 100.00
	26	网银(收到销货款)		70 200.00√	贷	636 300.00
	26	网银(收到销货款)	93 600.00√		贷	542 700.00
	27	转支＃98127(收到销货款)		104 832.00√	贷	647 532.00
	28	网银(支付材料运杂费)	9 860.00√		贷	637 672.00
	29	网银(收到销货款)		55 760.00	贷	693 432.00
	30	转支＃45224(支付设备款)	163 800.00√		贷	529 632.00
	30	转支＃45223(支付材料款)	86 112.00√		贷	443 520.00
	31	网银(支付货款)	9 920.00		贷	433 600.00
	31	银行存款计息单		980.00	贷	434 580.00

提示： 企业银行存款日记账和银行对账单的记账方向相反，即企业银行存款日记账借方为收入，贷方为支出；银行对账单贷方为收入，借方为支出。

出纳员编制银行存款余额调节表的步骤如下：

(1) 将本公司银行存款日记账和银行对账单进行逐笔核对，如果在“账”“单”中均有登记，则同时用铅笔打“√”。

(2) 通过上述“账”“单”的核对，找出未达账项如下：

① 2022 年 10 月 29 日，银行已收、企业未收的销货款 55 760 元。

② 2022 年 10 月 29 日，企业已收、银行未收的销货款 121 680 元。

③ 2022 年 10 月 31 日，企业已付、银行未付的材料款 114 660 元。

④ 2022 年 10 月 31 日，银行已付、企业未付的货款 9 920 元。

⑤ 2022 年 10 月 31 日，银行已收、企业未收的存款利息 980 元。

(3) 根据上述未达账项，编制该公司 2022 年 12 月 31 日的银行存款余额调节表(图表 7-7)。

图表 7-7　银行存款余额调节表

银行存款余额调节表(工商银行)

2022 年 10 月 31 日

项　目	金　额	项　目	金　额
企业银行存款日记账余额	394 780.00	银行对账单余额	434 580.00
加：银行已收企业未收款	55 760.00 980.00	加：企业已收银行未收款	121 680.00
减：银行已付企业未付款	9 920.00	减：企业已付银行未付款	114 660.00
调节后的存款余额	441 600.00	调节后的存款余额	441 600.00

(1) 编制银行存款余额调节表后，如果企业和银行双方的余额相等，则说明双方记账基本正确，调节后的存款余额就是企业可动用的银行存款实有数；如果不等，则说明企业和银行一方或双方存在记账错误，应查明原因进行更正。

(2) 银行存款余额调节表不是原始凭证，不能作为记账的原始依据。对于银行已登记入账而企业尚未登记入账的未达账项，企业应在收到银行转来的收款或付款通知后才可以编制记账凭证，再据此登记入账。

问题4：银行日记账与银行对账单的记账方向为什么相反？

企业将款项存入银行时，企业银行存款增加，记入借方，但对银行而言是负债的增加，记入贷方，因而其记账方向是相反的。

【实例 7-3】 无锡市江南股份有限公司 2022 年 11 月 30 日的银行存款余额调节表如图

表 7-8 所示;2022 年 12 月份的银行存款日记账及银行对账单分别如图表 7-9、图表 7-10 所示。

图表 7-8 银行存款余额调节表

银行存款余额调节表

开户银行:中国工商银行无锡建业支行 账号:204315344565289321 2022 年 11 月 30 日止

摘要	入账日期 凭证号	金额	摘要	入账日期 凭证号	金额
银行存款日记账余额		626 000	银行对账单余额		672 900
加:银行已收、企业未收			加:企业已收、银行未收		
1. 银行承兑汇票款回笼	121130 托收 3458	42 900	1.		
2.			2.		
3.			3.		
减:银行已付、企业未付			减:企业已付、银行未付		
1.			1. 货款(家具费)	121129 转支 8764	4 000
2.			2.		
3.			3.		
调节后的余额		668 900	调节后的余额		668 900

图表 7-9 银行存款日记账

银行存款日记账

2022 年 月	日	凭证号	对方科目	摘要	借方	贷方	余额
12	1			期初余额			626 000
12	2	银付 1	库存现金	提现备用(现支 553)		3 000	623 000
12	3	银收 1	应收账款	收回货款(网银)	42 900		665 900
12	4	银收 2	应交税费	缴所得税(网银)		60 000	605 900
12	5	银付 3	在途物资等	付货款(网银)		81 900	524 000
12	6	现付 1	库存现金	销售款解存银行(缴 245)	58 500		582 500
12	10	银收 2	主营业务收入等	销售商品(支票)	35 100		617 600
12	11	银付 4	应付职工薪酬	代发工资(网银))		101 500	516 100
12	13	银收 3	其他货币资金	汇票多余款	24 500		540 600
12	16	银收 4	短期借款	借入借款	500 000		1 040 600
12	18	银付 5	其他货币资金	办理银行本票		50 000	990 600

（续表）

2022 年		凭证号	对方科目	摘要	借方	贷方	余额
月	日						
12	22	银付 6	其他货币资金	办理银行汇票		100 000	890 600
12	26	银付 7	库存现金	提现备用（现支　554）		1 500	889 100
12	29	银付 8	管理费用	财产保险费（网银）		5 000	884 100
12	31			本月合计	661 000	402 900	884 100

图表 7-10　银行存款对账单

中国工商银行无锡建业支行对账单

账号：204315344565289321　　单位名称：无锡市江南股份有限公司　　2022 年 12 月 31 日止

2022 年		摘　要	结算凭证	借　方	贷　方	借或贷	结余金额
月	日						
12	1	期初余额				贷	672 900
12	3	支取现金	现支　553	3 000		贷	669 900
12	4	缴纳税款	网银　765	60 000		贷	609 900
12	5	汇购材料	网银　932	81 900		贷	528 000
12	6	送存现金	现缴　245		58 500	贷	586 500
12	6	付家具费	转支　8764	4 000		贷	582 500
12	9	汇票余款	银汇　6743		24 500	贷	607 000
12	10	代发工资	网银　1024	101 500		贷	505 500
12	14	收到销货款	转支　8922		35 100	贷	540 600
12	15	办理本票	本票　6025	50 000		贷	490 600
12	16	贷款	借款单　4230		500 000	贷	990 600
12	20	办理汇票	汇票　0559	100 000		贷	890 600
12	25	委托付款	网银　17543	2 260		贷	888 340
12	30	收货款进账	网银　19678		12 260	贷	900 600
12	31	收利息	网银　20345		3 019	贷	903 619

提示： 出纳人员编制银行存款余额调节表的步骤如下。

（1）将本公司银行存款日记账和银行对账单进行逐笔核对，如果在“账”“单”中均有登记的，则同时用铅笔打“√”。

（2）将本银行存款日记账、银行对账单与上月银行存款余额调节表核对，如果上月未达账项已在日记账和调节表中入账的，则用铅笔打“√”。

(3) 通过上述"账""单"的核对，找出未达账项。

(4) 根据上述未达账项，编制 2022 年 12 月 31 日的银行存款余额调节表(图表 7-11)。

图表 7-11　银行存款余额调节表

银行存款余额调节表

开户银行：中国工商银行无锡建业支行　账号：204315344565289321　2022 年 12 月 31 日止

摘要	入账日期 凭证号	金额	摘要	入账日期 凭证号	金额
银行存款日记账余额		88 4100	银行对账单余额		90 3619
加：银行已收、企业未收			加：企业已收、银行未收		
1. 收货款	汇划 5678	12 260	1.		
2. 收利息	结算单 345	3 019	2.		
3.			3.		
4.			4.		
减：银行已付、企业未付			减：企业已付、银行未付		
1. 委托付款	委托 7543	2 260	1. 提现备用	现支 554	1 500
2.			2. 财产保险费	转支 6372	5 000
3.			3.		
4.			4.		
调节后的余额		897 119	调节后的余额		897 119

模块 3　工资发放

问题1：工资发放需要做哪些准备?

每个单位都规定薪酬管理制度。一般情况下，出纳人员在发放工资之前应做好以下准备工作：

(1) 从人力行政部门取得工资结算表。

(2) 确定工资发放时间。

(3) 确定工资发放审批流程。

（4）确定工资的发放形式。

问题2：如何以现金发放工资?

目前，以现金发放工资的单位比较少见。

当出纳人员准备工作完毕后，就可以发放工资了。单位以现金发放工资的流程如下：

（1）提取现金：出纳人员应签发现金支票到开户银行提取现金备发工资。

（2）员工签名：员工领取工资时应在工资结算表上签名。

（3）发放工资：出纳人员发放工资时应与领取人现场确认金额无误，领款人当面复点并鉴别现金真伪。

（4）加盖印章：出纳人员工资发放完毕，应在工资结算表上加盖“现金付讫”印章并交会计进行账务处理。

问题3：如何进行银行代发工资?

银行代发工资是各单位普遍采用的工资发放形式。

银行代发工资是银行接受单位委托，向单位员工代发工资的一项服务，其基本流程如下：

（1）签订协议：单位第一次办理银行代发工资业务，应与开户银行签订一份代发工资协议书，明确双方的责任与义务及后期事项等。

（2）款项划转：单位应在银行开设一个专门用来发放工资的账户。发放工资时，出纳人员应按照代发工资协议书约定的时间将代发工资金额划到指定账户（签发转账支票和填制进账单），同时向银行提供代发工资明细表。

（3）履约发放：开户银行按照代发工资协议书约定和出纳人员提供的“代发工资明细表”，按时将应发给员工的工资转入各员工的个人账户，同时单位向银行支付一定的手续费。

模块 4　外 汇 业 务

问题1：什么是外汇?

外汇是货币行政当局（中央银行、货币管理机构、外汇平准基金及财政部）以银行存款、财政部库券、长短期政府证券等形式保有的在国际收支逆差时可以使用的债权。其包括外国货币、外币存款、外币有价证券（政府公债、国库券、公司债券、股票等）、外币支付凭证（票据、银行存款凭证、邮政储蓄凭证等）。

问题2：什么是汇率?

汇率又称外汇利率，外汇汇率或外汇行市，是指两种货币之间兑换的比率，亦可视为一个国家的货币对另一种货币的价值。其具体是指一国货币与另一国货币的比率或比价，或者说是用一国货币表示的另一国货币的价格。

汇率按照银行买卖业务划分，可分为八种汇率，具体如图表 7-12 所示。

图表 7-12　外汇汇率种类

外汇汇率种类

序号	汇率的名称	说明
1	买入汇率	即外汇买入价，是指银行以人民币买入外币的汇率
2	卖出汇率	即外汇卖出价，是指银行卖出外币收入人民币的汇率
3	中间汇率	即外汇中间价，是指以人民币计算的外汇买入价和外汇卖出价的平均价
4	市场汇率	是指在自由外汇市场上买卖外汇的实际汇率
5	合同汇率	是指交易双方在合同中约定的货币间使用的汇率
6	记账汇率	是指单位发生外币业务进行会计核算所采用的汇率
7	账面汇率	是指单位已经入账的汇率
8	现行汇率	是指编报日的汇率，相对于历史汇率

问题3：如何开立外汇账户?

公司开立外汇账户一般需要提供以下资料：

（1）公司营业执照。

（2）已有的银行开户许可证。

（3）法人代表的身份证。

（4）进出口经营权备案表。

（5）公司公章、印鉴章。

（6）公司章程。

公司开立外汇账户的步骤如下：

（1）联系公司开户银行负责国际业务的部门，向他们提交一份营业执照复印件和一份公司章程，由他们向外管局申请备案，并且认定新开国际账户的类别。

（2）到银行对公业务部，预约开户上门拍照。银行会安排客户经理，到公司实地拍照。

(3) 拍照以后，银行会重新预约开户时间（一般要 2～3 个小时），带齐所有的企业资料、公章、章程，去对公账户柜台办理即可。

(4) 公司可以根据客户的需要，选择账户结算的币种（比如：美元、日元、欧元等）。

(5) 拿到账号以后，问银行要一个 SWIFT 码，就可以接受国外公司的汇款了。

问题4：国际结算方式有哪些?

国际结算方式共分为四种，即信用证、托收、汇付、银行保函。

1. 信用证

信用证是一种由银行依照客户的指示和要求开立的有条件承诺付款的书面文件。一般分为不可撤销的跟单信用证和可撤销的跟单信用证。最新的 UCP600 规定银行不可开立可撤销信用证。（注：常用的都是不可撤销信用证）

信用证业务涉及六个方面的当事人：开证申请人、开证行、通知行、收益人、议付银行、付款银行。

2. 托收

托收是指出口商开立汇票连同货运单据委托出口地银行通过进口地代收银行向进口企业收款的结算方式。托收也称单托收，根据交单条件不同分为付款交单和承兑交单。

3. 汇付

汇付是指交款人按约定的时间和条件通过银行把款项交收款人的结算方式。汇付分为信汇、电汇和票汇三种方式。

4. 银行保函

银行保函又称银行保证书，也属银行信用，是指银行应申请人或委托人的要求向受益方开出的，担保申请人一定履行某种义务，并在申请人未能按规定履行其责任和义务时，由担保行代其支付一定金额，或作出一定经济赔偿的书面文件。

附录

项目实训

实训 1　编制出纳交接书

一、实训目的

学习和掌握接任出纳岗位或调离出纳岗位时如何办理交接手续。

二、实训资料

1. 企业有关情况

(1) 单位名称：梁溪市凌空股份有限公司。

(2) 法人代表：缪建新；财务主管：庄薇。

(3) 会计：林海；出纳：王风。

2. 相关事项

(1) 2022 年 12 月 3 日，出纳员王风因休产假需办理交接手续，出纳岗位由新招聘的陆霞接任，由财务主管庄薇负责监交。

(2) 2022 年 12 月 3 日，有关交接内容如下：

A. 12 月 3 日库存现金账面余额为 23 450.60 元，保险箱中库存现金实有数为 23 450.60 元。

B. 银行存款余额为 2 286 790 元，编制“银行存款余额调节表”后核对相符。

C. 移交的账本为：现金日记账 3 本，银行存款日记账 2 本，转账支票、现金支票领用登记簿各 1 本。

D. 移交的结算凭证为：空白转账支票 3 本(437625 号至 437650 号、437651 号至 437675 号、437676 号至 4376100 号)，空白现金支票 1 本(098765100 号至 098765125 号)及零星支票 3 张(098765997 号至 098765999 号)。

E. 有关印鉴：转讫印章 1 枚，现金收讫印章 1 枚，现金付讫印章 1 枚，银行收讫印章 1 枚，银行付讫印章 1 枚。

F. 其他资料与设备：银行对账单 8 份(1～8 月)；银行存款余额调节表 8 份(1～8 月)；印花税票 4 张；网银 U 盾及密码 1 套；支付密码器及说明书 1 件；电子回单卡 IC 卡 1 张；预留银行印鉴卡 1 张；印台、印油及印垫各 1 个；保险柜 1 个、钥匙 1 把；点钞机 1 台；电脑 1 台及其操作密码；计算器 1 个。

三、实训要求

根据实训资料中的相关事项编制出纳交接书(图表附 1-1)。

四、实训设计

【形式】 要求在课堂上单人独立完成出纳交接书；完成交接书编制后，三人一组分别角色扮演王风(老出纳)、陆霞(新出纳)和庄薇(财务主管)进行交接模拟演练。

【准备】 出纳交接书。

【评价】 本实训采用教师评价和组长评价相结合的方式，具体评价项目如图表附 1-2 所示。

五、实训单据

图表附 1-1 出纳交接书

出纳交接书

1. 交接日期：

2. 移交业务：

3. 移交的会计凭证、账簿及文件：

4. 移交银行相关物件：

5. 移交印鉴及用具：

6. 移交设备及用具：

说明：

移交人(签字)： 接管人(签字)： 监交人(签字)：

年 月 日

图表附 1-2　评价表

出纳交接实训评价表

评价项目	分值	评分
出纳交接书(教师评价)	60	
出纳交接演练(组长评价)	40	
合计	100	

实训 2　日记账的启用与接交

一、实训目的

(1) 学习和掌握在账簿启用时如何填制账簿启用表。

(2) 学习和掌握在办理交接时如何填制账簿接交表。

二、实训资料

1. 企业有关情况

(1) 单位名称:梁溪市凌空股份有限公司。

(2) 法人代表:缪建新;财务主管:庄薇。

(3) 会计:林海;出纳:王风。

2. 相关事项

(1) 2022 年 6 月 25 日,企业现金日记账已经登记满(本年度第二册),需启用新的现金日记账(图表附 2-1),账簿编号假定为 RJZX202203。

(2) 2022 年 7 月 12 日,企业银行存款日记账已经登记满(本年度第一册),需启用新的银行日记账(图表附 2-2),账簿编号假定为 RJZY202202。

(3) 2022 年 12 月 3 日,出纳员王风因休产假需办理交接手续,出纳岗位由新招聘的陆霞接任,由财务主管庄薇负责监交。

三、实训要求

(1) 启用新账簿时,分别填制现金和银行存款日记账的启用表。

(2) 办理交接时,分别填制现金和银行存款日记账的接交表。

四、实训设计

【形式】　要求在课堂上单人独立完成日记账启用表填制;完成启用表填制后三人一组分别角色扮演王风(老出纳)、陆霞(新出纳)和庄薇(财务主管)进行接交表填制。

【准备】 账簿启用及接交表。

【评价】 本实训采用教师评价和组长评价相结合，具体评价项目如图表附 2-3 所示。

五、实训单据

图表附 2-1　账簿启用及接交表

账簿启用及接交表

<table>
<tr><td>单位名称</td><td colspan="7"></td><td colspan="3">印鉴</td></tr>
<tr><td>账簿名称</td><td colspan="7">（第　　册）</td><td colspan="3" rowspan="4">梁溪市凌空股份有限公司财务专用章</td></tr>
<tr><td>账簿编号</td><td colspan="7"></td></tr>
<tr><td>账簿页数</td><td colspan="7">本账簿共计　页　（账簿页数检点人盖章）</td></tr>
<tr><td>启用日期</td><td colspan="7">公元　　年　月　日</td></tr>
<tr><td rowspan="3">经管人员</td><td colspan="3">单位主管</td><td colspan="3">财务主管</td><td colspan="2">复　核</td><td colspan="2">记　账</td></tr>
<tr><td>姓 名</td><td colspan="2">盖章</td><td>姓 名</td><td colspan="2">盖章</td><td>姓 名</td><td>盖章</td><td>姓 名</td><td>盖章</td></tr>
<tr><td></td><td colspan="2"></td><td></td><td colspan="2"></td><td></td><td></td><td></td><td></td></tr>
<tr><td rowspan="5">接交记录</td><td colspan="2">经管人员</td><td colspan="4">接　管</td><td colspan="4">交　出</td></tr>
<tr><td>职别</td><td>姓名</td><td>年</td><td>月</td><td>日</td><td>盖章</td><td>年</td><td>月</td><td>日</td><td>盖章</td></tr>
<tr><td></td><td></td><td></td><td></td><td></td><td></td><td></td><td></td><td></td><td></td></tr>
<tr><td></td><td></td><td></td><td></td><td></td><td></td><td></td><td></td><td></td><td></td></tr>
<tr><td></td><td></td><td></td><td></td><td></td><td></td><td></td><td></td><td></td><td></td></tr>
<tr><td>备注</td><td colspan="10"></td></tr>
</table>

图表附 2-2　账簿启用及接交表

账簿启用及接交表

（江苏省财政厅监制）

<table>
<tr><td>单位名称</td><td colspan="9"></td><td colspan="2">印 鉴</td></tr>
<tr><td>账簿名称</td><td colspan="9">（第　　册）</td><td colspan="2" rowspan="4">梁溪市凌空股份有限公司财务专用章</td></tr>
<tr><td>账簿编号</td><td colspan="9"></td></tr>
<tr><td>账簿页数</td><td colspan="9">本账簿共计　页　（账簿页数检点人盖章）</td></tr>
<tr><td>启用日期</td><td colspan="9">公元　　年　月　日</td></tr>
<tr><td rowspan="3">经管人员</td><td colspan="2">单位主管</td><td colspan="3">财务主管</td><td colspan="2">复 核</td><td colspan="3">记 账</td></tr>
<tr><td>姓 名</td><td>盖章</td><td>姓 名</td><td colspan="2">盖章</td><td>姓 名</td><td>盖章</td><td>姓 名</td><td colspan="2">盖章</td></tr>
<tr><td></td><td></td><td></td><td colspan="2"></td><td></td><td></td><td></td><td colspan="2"></td></tr>
</table>

<table>
<tr><td rowspan="5">接交记录</td><td colspan="2">经管人员</td><td colspan="4">接 管</td><td colspan="4">交 出</td></tr>
<tr><td>职别</td><td>姓名</td><td>年</td><td>月</td><td>日</td><td>盖章</td><td>年</td><td>月</td><td>日</td><td>盖章</td></tr>
<tr><td></td><td></td><td></td><td></td><td></td><td></td><td></td><td></td><td></td><td></td></tr>
<tr><td></td><td></td><td></td><td></td><td></td><td></td><td></td><td></td><td></td><td></td></tr>
<tr><td></td><td></td><td></td><td></td><td></td><td></td><td></td><td></td><td></td><td></td></tr>
<tr><td>备注</td><td colspan="10"></td></tr>
</table>

图表附 2-3　评价表

账簿启用及接交表实训评价表

评价项目	分值	评分
现金日记账启用(教师评价)	30	
现金日记账接交(组长评价)	20	
现金日记账启用(教师评价)	30	
现金日记账接交(组长评价)	20	
合计	100	

实训3　出票日期的大写

一、实训目的

掌握重要原始凭证出票日期的大写。

二、实训资料

(1) 2022年2月20日：________________

(2) 2022年3月30日：________________

(3) 2022年5月15日：________________

(4) 2022年10月20日：________________

(5) 2022年10月8日：________________

(6) 2022年4月6日：________________

(7) 2022年6月10日：________________

(8) 2022年7月16日：________________

(9) 2022年8月20日：________________

(10) 2022年11月1日：________________

三、实训要求

根据资料在对应处写出大写的出票日期。

四、实训形式

【形式】 要求在课堂上单人独立完成。

【评价】 本实训采用教师评价的方式，每个日期大写均为10分，总分为100分。

实训4　原始凭证的填制

一、实训目的

(1) 根据原始凭证判断经济业务的发生情况。

(2) 根据经济业务正确填制相关原始凭证。

二、实训资料

1. 企业有关情况

(1) 单位名称：梁溪市凌空股份有限公司(一般纳税人)，纳税人识别号：50706876596547A。

（2）法人代表：缪建新；财务主管：庄薇。
（3）会计：林海；出纳：王风。
（4）单位地址及电话：梁溪市台山路98号，82676888。
（5）开户行及账号：中国工商银行梁溪台山支行，430008675466338765。

2. 企业有关经济业务

2022年10月，该企业发生的有关经济业务如下。

【业务1】 15日，因库存现金不足，出纳员准备从银行提取现金20 000元备用。

【业务2】 18日，业务员李民持费用报销单（图表附4-1）和发票（图表附4-2）前来报销广告费，出纳员签发转账支票支付。

图表附4-1　费用报销单

梁溪市凌空股份有限公司　**费用报销单**

购物（或业务往来）日期：2022年10月16日					背面附原始凭证 1 张
内容		发票号	单价	数量	金额
1	支付广告费	00031985			26 500
2					
3					
备注：					
实报金额（大写）人民币贰万陆仟伍佰元整			¥26 500.00		

审批	缪建新	财务	庄薇	部门经理	王敏	经手人	李民

报销日期：2022年10月17日

图表附 4-2 增值税专用发票

江苏省增值税专用发票　　No 00031985

发 票 联　　开票日期：2022年10月16日

购买方	名　　称：梁溪市凌空股份有限公司 纳税人识别号：50706876596547A 地址、电话：梁溪市台山路98号 82676888 开户行及账户：中国工商银行梁溪台山支行 430008675466338765	密码区	

货物或应税劳务名称	规格型号	单位	数量	单价	金额	税率	税额
版面广告		个	1		25 000.00	6%	1 500.00
合计					¥25 000.00		¥1 500.00
价税合计（大写）	⊗贰万陆仟伍佰元整				（小写）¥26 500.00		

销售方	名　　称：梁溪市报业集团广告有限公司 纳税人识别号：71320200835934655W 地址、电话：梁溪市解放路108号 0510-53694222 开户行及账户：中国农业银行梁溪解放路支行 323232099666242	备注	梁溪市报业集团广告有限公司 71320200835934655W 发票专用章

收款人：　　复核人：　　开票人：刘艳　　销售方：

第三联：发票联　购买方记账凭证

【业务3】 18日，经查询，嘉兴动力股份有限公司的一张银行承兑汇票（图表附4-3、图表附4-4）将于2022年10月24日到期，准备办理托收。

图表附 4-3　银行承兑汇票

银行承兑汇票　2　　40207045

2056832

出票日期（大写）贰零贰贰年肆月贰拾肆 日

出票人全称	嘉兴动力股份有限公司	收款人	全　　称	梁溪市凌空股份有限公司
出票人账号	4256464117767772		账　　号	43000867546633 8765
付款行名称	中国农业银行嘉兴星洲路支行		开户银行	中国工商银行梁溪台山支行

出票金额	人民币（大写）柒万伍仟元整	千	百	十	万	千	百	十	元	角	分
				￥	7	5	0	0	0	0	0

票据到期日（大写）	贰零贰贰年零壹拾月贰拾肆日	付款行	行号	2035079027844
承兑协议编号	银承兑 201954 号		地址	中国农业银行嘉兴星洲路支行
本汇票请你行承兑，到期无条件付款。 （印章：嘉兴动力股份有限公司财务专用章）（印章：潘钱印） 出票人签章	本汇票已经承兑，到期日由本行付款。 （印章：农业银行嘉兴星洲路支行 3035079027849 汇票专用章） 承兑行签章 承兑日期　　年　　月　　日	密押 复核　　记账		

第一联：此联收款人开户银行随托收凭证寄付款行作借方凭证附件

图表附 4-4　银行承兑汇票背面

背书人	被背书人
（印章：梁溪凌空股份有限公司财务专用章）（印章：新穆印建） 背书人签章 年　月　日	背书人签章 年　月　日

【业务 4】 19 日，为采购材料，供应部门申请办理银行汇票(图表附 4-5)。

图表附 4-5　付款申请书

梁溪市凌空股份有限公司付款申请书

2022年10月19日

用途	金　额											收款单位：蓝州钢铁有限公司
支付货款	亿	千	百	十	万	千	百	十	元	角	分	账号：6343153684765433364
			¥	1	5	0	0	0	0	0	0	开户银行：中国农业银行蓝州城南支行
金额大写(合计)	人民币壹拾伍万元整											电汇☐ 转账☐ 汇票☑ 网银 ☐

总经理	穆建新	财务部门	经理	应微	经办部门	经理	叶超
			会计	林海		经办人	华刚

【业务 5】 21 日，销售一批商品，收到转账支票(图表附 4-6、图表附 4-7)。

图表附 4-6　转账支票

中国工商银行　转账支票（苏）　　现金付讫

本支票付款期限十天

出票日期（大写）贰零贰贰年零壹拾月贰拾壹日　　付款行名称：中国工商银行梁溪新区支行

收款人：梁溪市凌空股份有限公司　　出票人账号：6225457689670540 79

人民币（大写）贰万叁仟柒佰叁拾元整	百	十	万	千	百	十	元	角	分
		¥	2	3	7	3	0	0	0

用途 购发电机组

上列款项请从

我账户内支付

出票人签章　　梁溪建筑股份有限公司财务专用章　　章志强印

复核　　记账

图表附 4-7 增值税专用发票

<table>
<tr><td colspan="9">江苏省增值税专用发票　　No 03287212
此联不作报销、扣款使用　　开票日期：2022年10月21日</td></tr>
<tr><td>购买方</td><td colspan="4">名　　称：梁溪建筑股份有限公司
纳税人识别号：342254456126709G
地址、电话：健康路212号 55678966
开户行及账户：中国工商银行梁溪新区支行622545768967054079</td><td>密码区</td><td colspan="3"></td></tr>
<tr><td>货物或应税劳务名称</td><td>规格型号</td><td>单位</td><td>数量</td><td>单价</td><td>金额</td><td>税率</td><td>税额</td><td></td></tr>
<tr><td>发电机组</td><td></td><td>台</td><td>1</td><td>21 000.00</td><td>21 000.00</td><td>13%</td><td>2 730.00</td><td></td></tr>
<tr><td>合计</td><td></td><td></td><td></td><td></td><td>¥21 000.00</td><td></td><td>¥2 730.00</td><td></td></tr>
<tr><td>价税合计（大写）</td><td colspan="8">⊗贰万叁仟柒佰叁拾元整　　（小写）¥23 730.00</td></tr>
<tr><td>销售方</td><td colspan="5">名　　称：梁溪市凌空股份有限公司
纳税人识别号：50706876596547A
地址、电话：梁溪市台山路98号 82676888
开户行及账户：中国工商银行梁溪台山支行 430008675466338765</td><td>备注</td><td colspan="2">梁溪市凌空股份有限公司 50706876596547A 发票专用章</td></tr>
</table>

收款人：　　复核人：　　开票人：张旭　　销售方：

第一联：记账联 销售方记账凭证

【业务 6】 22 日，门市部张晓交来销售日报表（图表附 4-8）。

图表附 4-8 销售日报表

销 售 日 报 表

2022 年 10 月 22 日

编号	商品名称	单位	数量	单价	金额	备注
1001	飞轮	个	6	282.50	1 695.00	现金结算
1002	皮带轮	条	18	47.46	854.28	现金结算
1003	铂金斯缸套	个	9	158.20	1 423.80	现金结算
合　计					3 973.08	

出纳：王凤　　复核：华秋红　　制单：张晓

【业务 7】 22 日，出纳员将本日销售商品现金 3 973.08 元解存银行（100 元面值 33 张、50 元面值 9 张、20 元面值 5 张、10 元面值 8 张、5 元面值 7 张、1 元面值 8 张、1 分面值 8 张）。

【业务 8】 29 日，行政部门浦忠报销差旅费（无预借款）（图表附 4-9、图表附 4-10、图表附 4-11），假定住勤补贴为 180 元/天，且无其他费用发生。

图表附 4-9　动车票

A059539　　梁溪 售

梁溪 Liangxi　T114次 →　杭州 Hangzhou

2022年10月25日 15:00开　08车08D号

100.50元　二等座

限乘当日当次车

370306201301290016　检票口1

17786000030624 A059539

图表附 4-10　动车票

A069549　　杭州 售

杭州 Hangzhou　T111次 →　梁溪 Liangxi

2022年10月28日 16:00开　06车02D号

100.50元　二等座

限乘当日当次车

370306201301290016　检票口2

17786000030624 A069549

图表附 4-11　增值税专用发票

浙江省增值税专用发票　　No　03207212

发票联　　开票日期：2022年10月21日

购买方	名　称：梁溪市凌空股份有限公司 纳税人识别号：50706876596547A 地址、电话：梁溪市台山路98号 82676888 开户行及账户：中国工商银行梁溪台山支行430008675466338765				密码区		
货物或应税劳务名称	规格型号	单位	数量	单价	金额	税率	税额
住宿服务		间	2	330.19	660.38	6%	39.62
合计					¥660.38		¥39.62
价税合计（大写）	⊗柒佰元整　　（小写）¥700.00						
销售方	名　称：杭州维纳斯酒店有限公司 纳税人识别号：91220205434287C 地址、电话：向阳路66号 65433999 开户行及账户：中国工商银行杭州向阳支行 640008675466338439				备注	杭州维纳斯酒店有限公司 91220205434287C 发票专用章	

第三联：发票联　购货方记账凭证

收款人：　　复核人：　　开票人：李芳　　销售方：

三、实训要求

(1) 根据业务 1 填制中国工商银行现金支票(图表附 4-12)。
(2) 根据业务 2 填制中国工商银行转账支票(图表附 4-13)。
(3) 根据业务 3 填制托收凭证(电划)(图表附 4-14)。
(4) 根据业务 4 填制中国工商银行结算业务申请书(图表附 4-15)。
(5) 根据业务 5 填制中国工商银行进账单(图表附 4-16)。
(6) 根据业务 6 填制收据(图表附 4-17)。
(7) 根据业务 7 填制现金存款凭证(图表附 4-18)。
(8) 根据业务 8 填制出差费用报销单(图表附 4-19)。

四、实训设计

【形式】 要求在课堂上单人独立完成各原始凭证填制,完成后由同桌同学审核。
【准备】 根据提供的原始凭证进行填制。
【评价】 本实训采用教师评价与同学(同桌)评价相结合的方式,具体评价项目如图表附4-20 所示。

五、实训单据

图表附 4-12 现金支票

中国工商银行
现金支票存根 (苏)
VI007366345
附加信息
出票日期: 年 月 日
收款人:
金 额:
用 途:
单位主管 会计

本支票付款期限十天

中国工商银行 现金支票(苏) VI007366345

出票日期(大写): 年 月 日 付款行名称:
收款人: 出票人账号:

人民币 (大写)	十	万	千	百	十	元	角	分

用途
上列款项请从
我账户内支付
出票人签章 复核 记账

图表附 4-13　转账支票

中国工商银行 转账支票存根（苏） VI007376543	本支票付款期限十天	中国工商银行　转账支票（苏）　VI007376543
附加信息		出票日期（大写）：　年　月　日　付款行名称：
		收款人：　出票人账号：
出票日期：　年　月　日		人民币（大写）　十 万 千 百 十 元 角 分
收款人：		用途
金　额：		上列款项请从
用　途：		我账户内支付
单位主管　会计		出票人签章　复核　记账

图表附 4-14　托收凭证

ICBC 中 国 工 商 银 行　**托收凭证**　（受理回单）　1　第　号

委托日期　年　月　日

业务类型		委托收款（□邮划、□电划）　托收承付（□邮划、□电划）										
收款人	全 称		付款人	全 称								
	账 号			账 号								
	地 址	省　市　开户行		地 址	省　市　开户行							
金 额	人民币（大写）		千	百	十	万	千	百	十	元	角	分
款项内容		托收凭据名称		附寄单证张数								
商品发运情况		合同名称号码										
备注： 复核　记账		款项收妥日期 年　月　日		收款人开户银行签章 年　月　日								

此联是收款人开户银行给收款人的受理回单

图表附 4-15 结算业务申请书

ICBC 中国工商银行 结算业务申请书 No 66187654

申请日期 年 月 日

业务类型		□银行汇票□银行本票□电汇	□转账		□现金									
申请人	全 称		收款人	全 称										
	账 号			账 号										
	开户行			开户行										
金额	（大写）				千	百	十	万	千	百	十	元	角	分
申请人签章			支付密码											
			附加信息及用途		电汇时选择 普通□ 加急□									

主管　　复核　　记账

第二联：回单联

图表附 4-16 进账单

ICBC 工商银行进账单（回单） 1

年 月 日

出票人	全 称		收款人	全 称										
	账 号			账 号										
	开户银行			开户银行										
人民币（大写）					千	百	十	万	千	百	十	元	角	分
票据种类		票据张数		持票人开户银行签章										
票据号码														
单位主管　会计　复核　记账														

此联是收款人开户银行交给收款人的回单

图表附 4-17　收据

收　　据　　　　No　0008759

2022年　　月　　日

交款单位＿＿＿＿＿＿＿＿	收款方式＿＿＿＿
人民币（大写）＿＿＿＿＿＿＿＿	¥＿＿＿＿
收款事由＿＿＿＿＿＿＿＿＿＿＿＿	
	年　　月　　日

二　客户联

单位盖章　　财务主管　　记账　　出纳　　审核　　经办

图表附 4-18　现金存款凭证

ICBC 中国工商银行　现金存款凭证

年　　月　　日　　　　编号：

存款人	全称			
	账号		款项来源	
	开户行		交款人	
金额大写		金额小写		

票面	张数	票面	张数	票面	张数	
						经办　　复核

第二联：银行留存

主管：　　授权：　　复核：　　经办：

图表附 4-19 出差费用报销单

梁溪市江南股份有限公司 出差费用报销单

<table>
<tr><td colspan="2">出差事由</td><td colspan="3"></td><td colspan="6">填报日期： 年 月 日</td><td colspan="4">附原始凭证 张</td></tr>
<tr><td rowspan="2">月/日</td><td rowspan="2">起止时间</td><td rowspan="2">起讫地点</td><td colspan="2">车船费</td><td>途中补贴</td><td colspan="2">住勤补贴</td><td colspan="3">误餐补贴</td><td rowspan="2">旅馆费</td><td rowspan="2">市内交通费</td><td rowspan="2">行李搬运费</td><td rowspan="2">其他</td></tr>
<tr><td>车次</td><td>金额</td><td>金额</td><td>天数</td><td>金额</td><td>中</td><td>晚</td><td>金额</td></tr>
<tr><td rowspan="2">/</td><td>午 时 分</td><td rowspan="2">至</td><td rowspan="2"></td><td rowspan="2"></td><td rowspan="2"></td><td rowspan="2"></td><td rowspan="2"></td><td rowspan="2"></td><td rowspan="2"></td><td rowspan="2"></td><td rowspan="2"></td><td rowspan="2"></td><td rowspan="2"></td><td rowspan="2"></td></tr>
<tr><td>午 时 分</td></tr>
<tr><td rowspan="3">/</td><td>午 时 分</td><td rowspan="3">至</td><td rowspan="3"></td><td rowspan="3"></td><td rowspan="3"></td><td rowspan="3"></td><td rowspan="3"></td><td rowspan="3"></td><td rowspan="3"></td><td rowspan="3"></td><td rowspan="3"></td><td rowspan="3"></td><td rowspan="3"></td><td rowspan="3"></td></tr>
<tr><td>午 时 分</td></tr>
<tr><td>午 时 分</td></tr>
<tr><td rowspan="2">/</td><td>午 时 分</td><td rowspan="2">至</td><td rowspan="2"></td><td rowspan="2"></td><td rowspan="2"></td><td rowspan="2"></td><td rowspan="2"></td><td rowspan="2"></td><td rowspan="2"></td><td rowspan="2"></td><td rowspan="2"></td><td rowspan="2"></td><td rowspan="2"></td><td rowspan="2"></td></tr>
<tr><td>午 时 分</td></tr>
<tr><td colspan="3">支 出 小 计</td><td></td><td></td><td></td><td></td><td></td><td></td><td></td><td></td><td></td><td></td><td></td><td></td></tr>
<tr><td>预支金额</td><td></td><td>应付（退）金额</td><td colspan="2"></td><td colspan="3">支出金额（大写）</td><td colspan="7"></td></tr>
<tr><td>领导审核</td><td colspan="2"></td><td colspan="2">报销人签章</td><td colspan="3"></td><td colspan="2">说明</td><td colspan="5"></td></tr>
</table>

图表附 4-20 评价表

原始凭证填制评价表

评价项目	分值	评分
现金支票填制	16	
转账支票填制	16	
托收凭证填制	8	
结算业务申请书填制	8	
进账单填制	8	
收据填制	8	
现金存款单填制	8	
报销单填制	8	
同桌评价	20	
合计	100	

实训 5　原始凭证的审核

一、实训目的

（1）学习和掌握审核原始凭证。

（2）学习和掌握对原始凭证审核结果的处理。

二、实训资料

1. 企业有关情况

（1）单位名称：梁溪市凌空股份有限公司（一般纳税人），纳税人识别号：50706876596547A。

（2）法人代表：缪建新；财务主管：庄薇。

（3）会计：林海；出纳：王风。

（4）单位地址及电话：梁溪市台山路 98 号，82676888。

（5）开户行及账号：中国工商银行梁溪台山支行，430008675466338765。

2. 企业有关经济业务

2022 年 10 月 20 日，该企业发生的有关经济业务如下：

（1）企业销售一批产品，取得梁溪市蓝天生铁有限公司转账支票一张（图表附 5-1）。

（2）企业从梁溪市新华发电机有限责任公司购入发电机 200 台，取得增值税专用发票（图表附 5-2）。

（3）企业收到银行转来的梁溪市自来水总公司自来水费发票（图表附 5-3）。

（4）采购员刘强因参加广州展销会预借差旅费 4 500 元，出纳员取得刘强借款单（图表附 5-4）。

三、实训要求

对相关原始凭证进行审核，并说明对审核结果的处理方法。

四、实训设计

【形式】 要求在课堂上单人独立完成各原始凭证审核。

【准备】 根据提供的原始凭证进行审核。

【评价】 本实训采用教师评价与同桌同学评价相结合的方式，具体评价项目如图表附5-6所示。

五、实训单据

图表附 5-1　转账支票

交通银行　转账支票（苏）　V786345554

本支票付款期限十天

出票日期（大写）贰零贰贰年壹拾月贰拾日　付款行名称：交通银行城南支行

收款人：　　出票人账号：39364114592555387

人民币（大写）	百	十	万	千	百	十	元	角	分
柒千陆佰零伍元整				7	6	0	5	0	0

用途　贷款

上列款项请从

我账户内支付

出票人签章　梁溪市蓝天生铁有限公司财务专用章　姜明忠印

复核　　记账

审核本支票发现的问题如下：

(1) ______

(2) ______

(3) ______

(4) ______

对审核结果的处理方法：______

图表附 5-2　增值税专用发票

江苏省增值税专用发票　No　03287396

发　票　联　　开票日期：2022年10月20日

购买方		密码区	
名　　称：梁溪市凌空股份有限公司 纳税人识别号：507068765965474 地址、电话：梁溪市台山路98号 82676888 开户行及账户：中国工商银行梁溪台山支行 430008675466338765			

货物或应税劳务名称	规格型号	单位	数量	单价	金额	税率	税额
发电机	N220	台	20	4 800.00	96 000.00	13%	12 480.00
合计					96 000.00		12 480.00
价税合计（大写）	⊗壹拾万捌佰肆拾捌元整				（小写）￥96 000.00		

销售方		备注	
名　　称：梁溪市新华发电机有限责任公司 纳税人识别号：41244456307679B 地址、电话：长江北路2号 82104178 开户行及账号：华夏银行梁溪支行 634576599002229965			采用支票结算

第三联：发票联　购买方记账凭证

收款人：李燕　　复核人：方芳　　开票人：季方　　销售方：

审核本发票发现的问题如下：

（1）______________________________

（2）______________________________

对审核结果的处理方法：______________________________

____

____

____

图表附 5-3　增值税专用发票

江苏省增值税专用发票　　No　03287298

发　票　联　　开票日期：2022年06月07日

购买方	名　　称：梁溪市凌空股份有限公司 纳税人识别号：50706876596547A 地址、电话：梁溪市台山路98号 82676888 开户行及账户：中国工商银行梁溪台山支行430008675466338765				密码区			
货物或应税劳务名称	规格型号	单位	数量	单价	金额	税率	税额	
水费		吨	250	3.8835	970.87	3%	29.13	
合计					¥970.87		¥29.13	
价税合计（大写）	⊗壹仟元整		（小写）¥1000.00					
销售方	名　　称：梁溪市自来水总公司 纳税人识别号：81323209966333365D 地址、电话：梁溪市通扬路38号 0510-82106688 开户行及账户：中国工商银行梁溪通洋支行 6996007522876644				备注	梁溪市自来水总公司 81323209966333365D 发票专用章		

收款人：　　复核人：　　开票人：　　销售方：

第三联：发票联　购买方记账凭证

审核本发票发现的问题如下：

（1）______________________________

（2）______________________________

对审核结果的处理方法：______________________________

____

____

____

图表附 5-4 借款单

借款申请单

2022年06月05日

借款单位	业务员王强						
用途							
金额（大写）人民币捌千元整			¥8 000.00				
还款计划	2022年06月10日						
领导批准		财务审批	左微	部门审批	张丽	出纳付款	王凤
借款人	王强		备注				

审核本借款申请单发现的问题如下：

(1) ______

(2) ______

(3) ______

对审核结果的处理方法：______

______

图表附 5-5 评价表

原始凭证审核评价表

评价项目	分值	评分
转账支票审核	20	
增值税专用发票审核(20×2)	40	
借款单审核	20	
训练态度(同桌评价)	20	
合计	100	

实训 6 记账凭证编制与审核

一、实训目的

(1) 学习和掌握根据原始凭证判断经济业务内容。

(2) 学习和掌握编制专用记账凭证。

(3) 学习和掌握审核记账凭证并装订会计凭证。

二、实训资料

1. 企业有关情况

(1) 单位名称:梁溪市凌空股份有限公司(一般纳税人),纳税人识别号:50706876596547A。

(2) 法人代表:缪建新;财务主管:庄薇。

(3) 会计:林海;出纳:王风。

(4) 单位地址及电话:梁溪市台山路 98 号,82676888。

(5) 开户行及账号:中国工商银行梁溪台山支行,430008675466338765。

2. 企业有关经济业务

2022 年 12 月 1 日,该企业发生的有关经济业务如下(图表附 6-1 至图表附 6-27)。

【业务 1】

图表附 6-1 借款单

借 款 申 请 单

2022年 12 月 01 日

借款单位	供应科刘强						
用途	出差滨海市预借差旅费						
金额(大写)人民币伍仟元整		¥5 000.00					现金付讫
还款计划	2022年 12 月 10 日						
领导批准	缪建新	财务审批	庄薇	部门审批	林晨	出纳付款	王风
借款人	刘强		备 注				

【业务 2】

图表附 6-2 费用报销单

梁溪市凌空服务有限公司 出差费用报销单

出差事由	建业订货会			填报日期:2022年 12 月 01 日							附原始凭证 3 张			
月/日	起止时间	起讫地点	车船费 车次	车船费 金额	途中补贴 金额	住勤补贴 天数	住勤补贴 金额	误餐补贴 中	误餐补贴 晚	误餐补贴 金额	旅馆费	市内交通费	行李搬运费	其他
11/28	午 时 分 午 时 分	凌空至建业		92										600
11/30	午 时 分 午 时 分 午 时 分	建业至凌空		92		3	600				760			
/	午 时 分 午 时 分	至												
支 出 小 计				184			600				760			600
预支金额	2 500.00	应付(退 √)金额	356.00		支出金额(大写)		人民币贰仟壹佰肆拾肆元整							
领导审核	缪建新		报销人签章		王波		说明							

注:所附原始单据从略。

图表附 6-3　收据

收　据　　No　0008759

2022 年 12 月 01 日

交款单位　销售科王波	收款方式　现金
人民币（大写）贰仟伍佰元整	¥2 500.00
收款事由　还款	
	2022 年 12 月 01 日

现金收讫

单位盖章　　财务主管　　记账　　出纳　王风　　审核　　经办

【业务 3】

图表附 6-4　银行单位客户专用回单

ICBC　中国工商银行单位客户专用回单　N02963

币别：人民币　　2022 年 12 月 01 日　　流水号：276544873672786963428

付款人	全称	梁溪市新区贸易有限公司	收款人	全称	梁溪市凌空股份有限公司							
	账号	3043153445000563229		账号	430008675466338765							
	开户行	中国工商银行梁溪莆洲路支行		开户行	中国工商银行梁溪台山支行							
金额		人民币（大写）人民币叁万捌仟陆佰元整		千	百	十	万	千	百	十	元	角	分
						¥	3	8	6	0	0	0	0
凭证种类		电子转账凭证	凭证号码	2202489754								
结算方式		转账	用途	货款								

打印柜员：320654202

打印机构：中国工商银行梁溪台山支行

打印卡号：4320000000012896

中国工商银行梁溪台山支行　电子回单　专用章

【业务 4】

图表附 6-5 费用报销单

梁溪市凌空股份有限公司 费用报销单

购物（或业务往来）日期： 2022 年 12 月 01 日			背面附原始凭证 2 张		
内 容		发票号码	单 价	数 量	金 额
1	水费	03287298			1600.00
2					
3			转账付讫		
备注：					
实报金额（大写）人民币壹仟陆佰元整		¥1600.00			

总经理	穆建新	财务经理	左薇	部门经理	朱涛	报销人	刘娟

图表附 6-6 银行业务回单

ICBC 中国工商银行 凭证

日期 2022 年 11 月 30 日 业务回单 （付款）

回单编号：18062000972

付款人户名：梁溪市凌空股份有限公司 付款人开户行：中国工商银行梁溪台山支行

付款人账号：430008675466338765

收款人账号：4996007522876644 收款人开户行：中国工商银行梁溪通扬支行

金额：壹仟陆佰元整 小写：1 600.00 元

业务（产品）种类 凭证种类：00000000 凭证号码：00000000000000000000

摘要：水费 用途： 币种：人民币

交易机构：0110300421 记账柜员：00118 交易代码：45296 渠道：网上银行

附言：

支付交易序号：61157924 报文种类：大顾客户发起汇兑业务 委托日期：2022 年 12 月 01 日

业务类型：普通汇兑 指令编号：HQP14180654 提交人：zzy01w.c.1103

本回单为第一次打印，注意重复 打印日期：2022 年 12 月 01 日 打印柜员：16 验证码：OABE6CA7786

（印章：中国工商银行股份有限公司梁溪台山支行 自助回单机专用章 (003)）

图表附 6-7 增值税专用发票

江苏省增值税专用发票 No 03287298

发票联 开票日期：2022年11月30日

购买方	名称：梁溪市凌空股份有限公司 纳税人识别号：50706876596547A 地址、电话：梁溪市台山路98号 82676888 开户行及账户：中国工商银行梁溪台山支行 4300086754663387665			密码区			
货物或应税劳务名称	规格型号	单位	数量	单价	金额	税率	税额
水费		吨	370	4.1984	1 553.40	3%	46.60
合计					¥1 553.40		¥46.60
价税合计（大写）	⊗壹仟陆佰元整			（小写）¥1 600.00			
销售方	名称：梁溪市自来水总公司 纳税人识别号：91323209966333342D 地址、电话：梁溪市通扬路38号 0510-82106688 开户行及账户：中国工商银行梁溪通扬支行 4996007522876644			备注	梁溪市自来水总公司 91323209966333342D 发票专用章		

收款人： 复核人： 开票人：蔡琴 销售方：

第三联：发票联 购货方记账凭证

【业务 5】

图表附 6-8 费用报销单

梁溪市凌空股份有限公司 费用报销单

购物（或业务往来）日期： 2022 年 12 月 01 日				背面附原始凭证 2 张			
内容		发票号		单价		数量	金额
1	业务招待费	04787265					2 300.00
2							
3							
备注：							
实报金额（大写）人民币贰仟叁佰元整				¥2 300.00			
总经理	穆建新	财务经理	左薇	部门经理	汤斌	报销人	钱业红

图表附 6-9 增值税专用发票

江苏省增值税普通发票 No 04787265

发票联 开票日期：2022年12月01日

购买方	名称：梁溪市凌空服饰有限公司 纳税人识别号：50706876596547A 地址、电话：梁溪市台山路98号 82676888 开户行及账户：中国工商银行梁溪台山支行 430008675466338765	密码区	

货物或应税劳务名称	规格型号	单位	数量	单价	金额	税率	税额
餐饮服务*餐饮费		桌	1	2 169.81	2 169.81	6%	130.19
合计					¥2 169.81		¥130.19
价税合计（大写）	⊗贰仟叁佰元整			（小写）¥2 300.00			

销售方	名称：梁溪市钱桥餐饮有限公司 纳税人识别号：91320200835934633q 地址、电话：梁溪市钱桥177号 0510-65325777 开户行及账户：交通银行梁溪钱桥支行 323232099665553	备注	梁溪市钱桥餐饮有限公司 91320200835934633q 发票专用章

收款人： 复核人： 开票人：章敏 销售方：

第三联：发票联 购货方记账凭证

图表附 6-10 转账支票存根

中国工商银行

转账支票存根（苏）

VI0342789034

附加信息

出票日期 2022年12月01日

收款人：梁溪市钱桥餐饮有限公司	
金 额：¥2 300.00	
用 途：餐饮费	

单位主管 穆建新 会计 林海

【业务 6】

图表附 6-11　费用报销单

梁溪市凌空股份有限公司　费用报销单

购物（或业务往来）日期：　2022年 12 月 01 日				背面附原始凭证　2 张	
内　　容		发 票 号	单 价	数 量	金 额
1	增值税				52 869.00
2	城市维护建设税				3 700.83
3	教育费附加				1 586.07
4					
备注：11 月份税金					
实报金额（大写）人民币伍万捌仟壹佰伍拾伍元玖角整　　¥ 58 155.90					

总经理	缪建新	财务经理	庄薇	部门经理		经手人	黄娟

图表附 6-12　银行单位客户专用回单

ICBC 中国工商银行　中国工商银行单位客户专用回单

转账日期 2022 年 12 月 01 日　　凭证字号:5001281801200076232

纳税人全称　梁溪市凌空股份有限公司

纳税人识别号(信用代码)　50706876596547A

付款人全称:梁溪市凌空股份有限公司	咨询(投诉)电话:12366
付款人账号:430008675466338765	征收机关名称(委托方):梁溪新吴区税务局
付款人开户银行:中国工商银行梁溪台山支行	收缴国库(银行):国家金库梁溪新吴支库
小写(合计)金额:¥52 869.00	缴款书流水号:30651876549977228887765532
大写(合计)金额:人民币伍万贰仟捌佰陆拾玖元整	税票号码:32028323000124390

税(费)名称:	所属时间	实缴金额
增值税	20221101—202201130	¥52 869.00

图表附 6-13　银行单位客户专用回单

ICBC 中国工商银行　中国工商银行单位客户专用回单

转账日期 2022 年 12 月 01 日　　　　凭证字号:5001281801200076232

纳税人全称:梁溪市凌空股份有限公司

纳税人识别号(信用代码):50706876596547A

付款人全称:梁溪市凌空股份有限公司　　咨询(投诉)电话:12366

付款人账号:430008675466338765　　征收机关名称(委托方):梁溪新吴区税务局

付款人开户银行:中国工商银行梁溪台山支行　　收缴国库(银行):国家金库梁溪新吴支库

小写(合计)金额:¥5 286.90　　缴款书流水号:30651876549977228887765533

大写(合计)金额:人民币伍仟贰佰捌拾陆元玖角整　　税票号码:32028323000124391

税(费)名称:	所属时间	实缴金额
城市维护建设税	20221101—20221130	3 700.83
教育费附加	20221101—20221130	1 586.07

中国工商银行梁溪台山支行 电子回单 专用章

图表附 6-14　电子缴税凭证

中华人民共和国
电子缴税(费)凭证

打印日期:2022-12-01　　　　税　042019 04539087

纳税人代码	31244456307453X		主管税务机关	梁溪市税务局第二税务分局			
纳税人全称	梁溪市凌空股份有限公司		开户银行	中国工商银行梁溪台山支行			
缴款人名称	梁溪市凌空股份有限公司		银行账号	430008675466338765			
电子缴款书号	征收项目名称	征收品目名称	所属时期	实缴金额	缴款日期	税款属性	国库
320220318000032872	城市维护建设税	增值税附征	2022-11-01 至 2022-11-30	3 800.83	2022-12-01	一般申报	国家金库梁溪新吴支库
320220318000032872	教育费附加	增值税附征	2022-11-01 至 2022-11-30	1 586.07	2022-12-01	一般申报	国家金库梁溪新吴支库
金额合计	人民币伍仟贰佰捌拾陆元玖角整			¥5 286.90			

注:1. 本缴款单凭证仅作为纳税人记账核算凭证使用,电子纳税的,需与银行对账单电子归缴记录核对一致方有效。纳税人如需汇总开具完税证明,请凭税务登记或身份证明到主管税务机关开具。
2. 打印此票的次日以后,方可到税务部门换开正式完税凭证。

(套印征收专用章)

国家税务总局江苏省税务局 电子回单 专用章

【业务 7】

图表附 6-15 付款申请书

梁溪市凌空股份有限公司付款申请书

2022年 12 月01 日

用途	金额											收款单位：彭城钢铁有限公司
支付货款	亿	千	百	十	万	千	百	十	元	角	分	账号：364315368476543643
			¥	1	5	0	0	0	0	0	0	开户银行：农业银行彭城南支行
金额大写(合计)	人民币壹拾伍万元整											电汇□ 转账□ 汇票☑ 网银□

总经理	缪建新	财务部门	经理	左薇	经办部门	经理	吴大伟
			会计	林海		经办人	苏强

图表附 6-16 结算业务申请书

中国工商银行　　结算业务申请书　　No 66187654

申请日期　2022 年 12 月 01 日

业务类型		☑银行汇票 □银行本票 □电汇	☑转账		□现金									
申请人	全 称	梁溪市凌空股份有限公司	收款人	全 称	彭城钢铁有限责任公司									
	账 号	430008675466338765		账 号	364315368476543643									
	开户行	中国工商银行梁溪台山支行		开户行	中国农业银行彭城南郊支行									
金额	（大写）人民币壹拾伍万元整				千	百	十	万	千	百	十	元	角	分
						¥	1	5	0	0	0	0	0	0

申请人签章	支付密码	
梁溪市凌空股份有限公司财务专用章　缪建新印	附加信息及用途 申请银行汇票	电汇时选择 普通□ 加急□

中国工商银行梁溪台山支行 2022.12.01 办讫章

第一联 银行记账凭证

【业务 8】

图表附 6-17 销售日报表

销售日报表

2022 年 12 月 01 日

编号	商品名称	单位	数量	单价	金额	备注
1001	飞轮	个	26	282.50	7 345.00	现金结算
1002	皮带轮	条	21	47.46	996.66	现金结算
1003	珀金斯缸套	个	29	158.20	4 587.80	现金结算
合 计					12 929.46	

现金收讫

出纳：王风　　复核：华秋红　　制单：张晓

【业务 9】

图表附 6-18 现金存款凭证

ICBC 中国工商银行 现金存款凭证

2022 年 12 月 01 日　　编号：

存款人	全称	梁溪市凌空股份有限公司		
	账号	430008675466338765	款项来源	货款
	开户行	中国工商银行梁溪台山支行	交款人	王风
金额（大写）	人民币壹万贰仟玖佰贰拾玖元肆角陆分		金额（小写）	¥12 929.46

票面	张数	票面	张数	票面	张数	
	101	100				2022.12.01 业务专用章
	49	50				经办　复核
	15	20				
	7	10				
	1	5				
	4	1				
	4	0.1				
	6	0.01				

第二联：客户留存

主管：　　授权：835345　　复核：　　经办：007864

【业务 10】

图表附 6-19 报销单

梁溪市凌空股份有限公司 费用报销单

购物（或业务往来）日期： 2022年 12 月 01 日				背面附原始凭证 2 张	
内 容		发 票 号	单 价	数 量	金 额
1	广告费	05787389	58 155.90	1	58 155.90
2					
3					
4					
备注：广告费					
实报金额（大写）人民币伍万捌仟壹佰伍拾伍元玖角整			￥ 58 155.90		

总经理	缪建新	财务经理	左薇	部门经理	王波	经手人	黄娟

图表附 6-20 银行业务回单

ICBC 中国工商银行 凭证

日期 2022 年 12 月 01 日 业务回单 （付款）

回单编号：18062000765

付款人户名：梁溪市凌空股份有限公司 付款人开户行：中国工商银行梁溪市建业支行

付款人账号：430008675466338765

收款人账号：323232099666242 收款人开户行：农业银行无锡惠山支行

金额：壹万贰仟元整 小写：12 000.00 元

业务（产品）种类 凭证种类：00000000 凭证号码：000000000000000000000

摘要：广告费 用途： 币种：人民币

交易机构：0110300421 记账柜员：00020 交易代码：45296 渠道：网上银行

附言：

支付交易序号：61157924 报文种类：大顾客户发起汇兑业务 委托日期：2022 年 12 月 01 日

业务类型：普通汇兑 指令编号：HQP14180654 提交人：zzy01w.c.1103

本回单为第一次打印，注意重复 打印日期：2022 年 12 月 01 日 打印柜员：06 验证码：OABE6CA7786

（印章：中国工商银行股份有限公司梁溪市建业支行 自助回单机专用章 (003)）

图表附 6-21　增值税专用发票

江苏省增值税专用发票　　No　05787389

发　票　联　　开票日期：2022年12月01日

购买方	名　　称：梁溪市凌空股份有限公司 纳税人识别号：50706876596547A 地址、电话：梁溪市台山路98号 82676888 开户行及账户：中国工商银行梁溪台山支行 430008675466338765				密码区		
货物或应税劳务名称	规格型号	单位	数量	单价	金额	税率	税额
广告费		个			11 320.75	6%	679.25
合计					¥11 320.75		¥679.25
价税合计（大写）	⊗壹万贰仟元整　　（小写）¥12 000.00						
销售方	名　　称：无锡光线传媒有限公司 纳税人识别号：91320200835934622A 地址、电话：梁溪市文良路108号 0510-53694222 开户行及账户：中国农业银行无锡惠山支行 323232099666242				备注	无锡光线传媒有限公司 91320200835934622A 发票专用章	

收款人：　　复核人：　　开票人：陈兰　　销售方：

第三联：发票联　购货方记账凭证

【业务 11】

图表附 6-22　增值税专用发票

江苏省增值税专用发票　　No　03287212

此联不作报销、扣款使用　　开票日期：2022年11月30日

购买方	名　　称：梁溪工程机械有限公司 纳税人识别号：432254456126245l 地址、电话：健康路212号　55678966 开户行及账户：中国工商银行梁溪新区支行 622545768967054079				密码区		
货物或应税劳务名称	规格型号	单位	数量	单价	金额	税率	税额
增压器		台	30	900.00	27 000.00	13%	3 510.00
合计					¥27 000.00		¥3 510.00
价税合计（大写）	⊗叁万零伍佰壹拾元整　　（小写）¥30 510.00						
销售方	名　　称：梁溪市凌空股份有限公司 纳税人识别号：50706876596547A 地址、电话：梁溪市台山路98号 82676888 开户行及账户：中国工商银行梁溪台山支行 430008675466338765				备注	梁溪市凌空股份有限公司 50706876596547A 发票专用章	

收款人：　　复核人：　　开票人：张旭　　销售方：

第一联：记账联　销售方记账凭证

图表附 6-23　进账单

中国工商银行　进账单　（收账通知）　　3

2022年 12月 01 日

<table>
<tr><td rowspan="3">收款人</td><td>全　称</td><td>梁溪市凌空股份有限公司</td><td rowspan="3">付款人</td><td>全　称</td><td colspan="10">梁溪工程机械有限公司</td></tr>
<tr><td>账　号</td><td>430008675466338765</td><td>账　号</td><td colspan="10">622545768967054079</td></tr>
<tr><td>开户银行</td><td>中国工商银行梁溪台山支行</td><td>开户银行</td><td colspan="10">中国工商银行梁溪新区支行</td></tr>
<tr><td rowspan="2">金额</td><td colspan="4" rowspan="2">人民币（大写）叁万零伍佰壹拾元整</td><td>千</td><td>百</td><td>十</td><td>万</td><td>千</td><td>百</td><td>十</td><td>元</td><td>角</td><td>分</td></tr>
<tr><td></td><td></td><td>￥</td><td>3</td><td>0</td><td>5</td><td>1</td><td>0</td><td>0</td><td>0</td></tr>
<tr><td>票据种类</td><td>支票</td><td>票据张数</td><td colspan="2">1</td><td colspan="10" rowspan="3">中国工商银行
梁溪台山支行
2022.12.01
办讫章
（02）开户银行签章</td></tr>
<tr><td>票据号码</td><td colspan="4">098765028</td></tr>
<tr><td colspan="5">复核　　　　　　　　记账</td></tr>
</table>

此联是开户银行交给收款人的收账通知

【业务 12】

图表附 6-24　报销单

梁溪市凌空股份有限公司　费用报销单

<table>
<tr><td colspan="3">购物（或业务往来）日期：2022年 12 月 01日</td><td colspan="5">背面附原始凭证　2　张</td></tr>
<tr><td colspan="3">内　　容</td><td>发票号</td><td colspan="2">单价</td><td>数量</td><td>金额</td></tr>
<tr><td>1</td><td colspan="2">银行代发 12 月份工资</td><td></td><td colspan="2"></td><td></td><td>127 779.00</td></tr>
<tr><td>2</td><td colspan="2"></td><td></td><td colspan="2"></td><td></td><td></td></tr>
<tr><td>3</td><td colspan="2"></td><td></td><td colspan="2"></td><td></td><td></td></tr>
<tr><td colspan="8">备注：</td></tr>
<tr><td colspan="8">实报金额（大写）壹拾贰万柒仟柒佰柒拾玖元整　　￥127 779.00</td></tr>
<tr><td>审批</td><td>缪建新</td><td>稽核</td><td>林海</td><td>验收</td><td>黄玲</td><td>经手人</td><td>王风</td></tr>
</table>

报销日期：2022年 12 月 01 日

图表附 6-25　银行单位客户专用回单

ICBC 中国工商银行单位客户专用回单　No 572

币别：人民币　　2022 年 06 月 11 日　　流水号：2765448736727865886

付款人	全称	梁溪市凌空股份有限公司	收款人	全称	
	账号	430008675466338765		账号	
	开户行	中国工商银行梁溪台山支行		开户行	

金额	千	百	十	万	千	百	十	元	角	分
人民币（大写）壹拾贰万柒仟柒佰柒拾玖元整		￥	1	2	7	7	7	9	0	0

凭证种类	电子转账凭证	凭证号码	46653746809
结算方式	转账	用途	工资

打印柜员：320654202

打印机构：中国工商银行梁溪台山支行

打印卡号：4320000000012563

中国工商银行梁溪台山支行 电子回单 专用章

（借方凭证）（付款人回单）

打印时间：2022-12-1　　交易柜员：　　交易机构：32176813

图表附 6-26　转账支票存根

中国工商银行
转账支票存根
VI0310181536

附加信息

出票日期：2022 年 12 月 01 日

收款人：	本单位工资户
金额：	￥127 779.00
用途：	银行代发 12 月份工资

单位主管　缪建新　　会计　林海

图表附 6-27　工资结算汇总表

工资结算汇总表

2022 年 12 月　　　　单位：元

车间、部门		应付工资							代扣款项						实发工资
		计时工资	计件工资	加班工资	奖金	津贴补贴	缺勤扣款	合计	养老保险	住房公积金	医疗保险	失业保险	所得税	合计	
基本生产	生产工人	48 000	28 000	1 600	13 000	8 400	1 300	97 700	7 816	9 770	1 954	977	1 875	22 392	75 308
	管理人员	3 900		320	2 400	1 600		8 220	658	822	164	82	128	1 854	6 366
辅助生产	机修车间	3 450		360	1 475	1 375	160	6 500	520	650	130	65		1 365	5 135
	蒸汽车间	3 800		320	1 800	1 575	205	7 290	583	729	146	73		1 531	5 759
行政管理人员		10 600		1 300	6 645	5 770		24 315	1 945	2 432	486	243	540	5 646	18 669
销售人员		4 200			1 750	1 690		7 640	611	764	153	76	179	1 783	5 857
工程施工人员		8 800			2 900	2 375	280	13 795	1 103	1 379	276	138	214	3 110	10 685
合计		82 750	28 000	3 900	29 970	22 785	1 945	165 460	13 236	16 546	3 309	1 654	2 936	37 681	127 779

审批：缪建新　　　　制单：龚丽娜　　　　复核：林海

（注：工资结算明细表从略）

三、实训要求

（1）审核原始凭证并判断经济业务内容。

（2）编制专用记账凭证。

（3）同桌同学互相审核编制的记账凭证并在复核处签字。

（4）装订会计凭证。

四、实训设计

【形式】　要求两人一组进行分析讨论，审核原始凭证并判断出经济业务内容。

【准备】　专用记账凭证（图表附 6-28 至图表附 6-40）；记账凭证封面 1 套（包括封面与封底）；包角纸 1 个；装订线、胶水、打孔机、印泥与骑缝章等。

【评价】　本实训采用教师评价与同学评价相结合的方式，具体评价项目如图表附 6-41 所示。

五、实训单据

业务 1 经济业务内容：____________________

业务 2 经济业务内容：____________________

业务 3 经济业务内容：____________________

业务 4 经济业务内容：____________________

业务 5 经济业务内容：____________________

业务 6 经济业务内容：____________________

业务 7 经济业务内容：____________________

业务 8 经济业务内容：____________________

业务 9 经济业务内容：____________________

业务 10 经济业务内容：________________

业务 11 经济业务内容：________________

业务 12 经济业务内容：________________

【业务 1】

图表附 6-28　记账凭证

付 款 凭 证

贷方科目：　　　　　　　　　年　　月　　日　　　　　　　____付字 第　号

摘要	借方科目	明细科目	金额								
			十	万	千	百	十	元	角	分	
合　计											

附单据　张

会计主管　　　记账　　　复核　　　出纳　　　制单

【业务 2】

图表附 6-29　记账凭证

收 款 凭 证

借方科目：　　　　　　　　　年　　月　　日　　　　　　　____收字 第　号

摘要	贷方科目	明细科目	金额								
			十	万	千	百	十	元	角	分	
合　计											

附单据　张

会计主管　　　记账　　　复核　　　出纳　　　制单

图表附 6-30　记账凭证

转 账 凭 证

年　月　日　　　　转字 第　号

摘要	借方		√	贷方		√	金额							
	总账科目	明细科目		总账科目	明细科目		十	万	千	百	十	元	角	分
合　计														

附单据　张

会计主管　　记账　　复核　　制单

【业务 3】

图表附 6-31　记账凭证

收 款 凭 证

借方科目：　　年　月　日　　　　____收字 第　号

摘要	贷方科目	明细科目	金　额								
			十	万	千	百	十	元	角	分	
合　计											

附单据　张

会计主管　　记账　　复核　　出纳　　制单

【业务 4】

图表附 6-32　记账凭证

付 款 凭 证

贷方科目：　　　　　　　　年　　月　　日　　　　　　____付字 第　号

摘要	借方科目	明细科目	金额								
			十	万	千	百	十	元	角	分	
合　计											

附单据　张

会计主管　　　记账　　　复核　　　出纳　　　制单

【业务 5】

图表附 6-33　记账凭证

付 款 凭 证

贷方科目：　　　　　　　　年　　月　　日　　　　　　____付字 第　号

摘要	借方科目	明细科目	金额								
			十	万	千	百	十	元	角	分	
合　计											

附单据　张

会计主管　　　记账　　　复核　　　出纳　　　制单

【业务6】

图表附6-34　记账凭证

付 款 凭 证

贷方科目：　　　　年　　月　　日　　　　____付字 第　号

摘要	借方科目	明细科目	金额								
			十	万	千	百	十	元	角	分	
合　计											

附单据　张

会计主管　　记账　　复核　　出纳　　制单

【业务7】

图表附6-35　记账凭证

付 款 凭 证

贷方科目：　　　　年　　月　　日　　　　____付字 第　号

摘要	借方科目	明细科目	金额								
			十	万	千	百	十	元	角	分	
合　计											

附单据　张

会计主管　　记账　　复核　　出纳　　制单

【业务8】

图表附 6-36　记账凭证

收款凭证

借方科目：　　　　　　　　　　　年　　月　　日　　　　　　　　　　____收字第　号

摘要	贷方科目	明细科目	金额								
			十	万	千	百	十	元	角	分	
合计											

附单据　张

会计主管　　　　记账　　　　复核　　　　出纳　　　　制单

【业务9】

图表附 6-37　记账凭证

付款凭证

贷方科目：　　　　　　　　　　　年　　月　　日　　　　　　　　　　____付字第　号

摘要	借方科目	明细科目	金额								
			十	万	千	百	十	元	角	分	
合计											

附单据　张

会计主管　　　　记账　　　　复核　　　　出纳　　　　制单

【业务 10】

图表附 6-38　记账凭证

付 款 凭 证

贷方科目：　　　　　　　　年　　月　　日　　　　　　　　____付字 第　号

摘要	借方科目	明细科目	金额								
			十	万	千	百	十	元	角	分	
合计											

附单据　张

会计主管　　　　记账　　　　复核　　　　出纳　　　　制单

【业务 11】

图表附 6-39　记账凭证

收 款 凭 证

借方科目：　　　　　　　　年　　月　　日　　　　　　　　____收字 第　号

摘要	贷方科目	明细科目	金额								
			十	万	千	百	十	元	角	分	
合计											

附单据　张

会计主管　　　　记账　　　　复核　　　　出纳　　　　制单

【业务 12】

图表附 6-40　记账凭证

付款凭证

贷方科目：　　　　　　　　　　　　年　　月　　日　　　　　　　　____付字第　号

摘要	借方科目	明细科目	金额								
			十	万	千	百	十	元	角	分	
合计											

附单据　张

会计主管　　　　记账　　　　复核　　　　出纳　　　　制单

图表附 6-41　评价表

记账凭证填制与审核项目评价表

评价项目	分值	评分
业务 1:记账凭证的编制	6	
业务 2:记账凭证的编制	6	
业务 3:记账凭证的编制	6	
业务 4:记账凭证的编制	6	
业务 5:记账凭证的编制	6	
业务 6:记账凭证的编制	6	
业务 7:记账凭证的编制	6	
业务 8:记账凭证的编制	6	
业务 9:记账凭证的编制	6	
业务 10:记账凭证的编制	6	
业务 11:记账凭证的编制	6	
业务 12:记账凭证的编制	6	
记账凭证的审核	6	
记账凭证的装订	15	
态度与独立完成情况(组长评价)	7	
合　计	100	

实训 7　现金日记账的登记

一、实训目的

(1) 学习和掌握如何根据审核无误的记账凭证登记现金日记账。

(2) 学习和掌握如何进行现金日记账的日结和月结以及对日记账进行转页处理。

二、实训资料

(1) 梁溪市凌空股份有限公司 2022 年 7 月 1 日现金日记账的发生额及结存金额如下：①现金日记账第×页第 1 行的资料：时间为 7 月 1 日；摘要为“承前页”；借方金额为 87 250 元；贷方金额为 86 848 元；借方余额为 4 770 元。② 现金日记账第×页第 12 行资料：7 月 1 日，结账时收入(借方)发生额为 110 650 元；付出(贷方)发生额为 108 667 元；结存金额为 6 753 元(库存限额为 15 000 元)。

(2) 2022 年 7 月 2 日，会计林海根据 7 月 2 日的现金收支业务填制记账凭证(图表附 7-1 至图表附 7-3)。

图表附 7-1　记账凭证

付 款 凭 证

贷方科目：库存现金　　　　2022 年 07 月 02 日　　　　现付字第 1 号

摘要	借方科目	明细科目	金额								√
			十	万	千	百	十	元	角	分	
支付备用金	其他应收款	杨影			3	0	0	0	0	0	
合　计				¥	3	0	0	0	0	0	

附单据 1 张

会计主管　　记账　　复核 左薇　　出纳 王风　　制单 林海

图表附 7-2 记账凭证

付款凭证

贷方科目：银行存款　　　　2022 年 07 月 02 日　　　　银付字第 1 号

摘要	借方科目	明细科目	金额							
			十	万	千	百	十	元	角	分
提取现金	库存现金			1	0	0	0	0	0	0
合计			¥	1	0	0	0	0	0	0

附单据 1 张

会计主管　　记账　　复核 左薇　　出纳 王风　　制单 林海

图表附 7-3 简化记账凭证

简化记账凭证

时间	编号	摘要	会计分录	√
07 月 02 日	现付 2	职工报销培训费	借：应付职工薪酬——教育经费　1 450 贷：库存现金　1 450	
07 月 02 日	现付 3	修理费	借：管理费用——修理费　650.00 应交税费——应交增值税(进项税额) 84.50 贷：库存现金　734.50	
07 月 02 日	现付 4	购入 A4 纸	借：管理费用——办公费　820.00 应交税费——应交增值税(进项税额) 106.60 贷：库存现金　926.60	
07 月 02 日	现付 5	职工报销幼托费	借：应付职工薪酬——教育经费　600 贷：库存现金　600	
07 月 02 日	现收 1 转账 1	收回多余备用金 报销差旅费	借：库存现金　320 贷：其他应收款——备用金　320 借：管理费用——差旅费　1 680 贷：其他应收款——备用金　1 680	
07 月 02 日	现收 2	零星销售商品	借：库存现金　904 贷：主营业务收入　800 应交税费——应交增值税(销项税额)　104	
07 月 02 日	现收 3	销售材料收入	借：库存现金　361.60 贷：其他业务收入　320.00 应交税费——应交增值税(销项税额) 41.60	

（续表）

时间	编号	摘要	会计分录	√
07 月 02 日	现付 6	业务招待费	借：管理费用——业务招待费　1 760 贷：库存现金　1 760	
07 月 02 日	现收 4	职工交来赔款	借：库存现金　450 贷：其他应收款——李伟　450	
07 月 02 日	现付 7	销售款存入银行	借：银行存款——基本户　1 310.40 贷：库存现金　1 310.40	

三、实训要求

(1) 根据资料登记现金日记账，在现金日记账(图表附 7-4)第×页第 1 行登记“承前页”金额。

(2) 在现金日记账第×页第 12 行登记 7 月 1 日的发生额及结存金额并划通栏红线。

(3) 从第 19 行起根据 7 月 2 日的记账凭证登记现金日记账(图表附 7-4、图表附 7-5)。

(4) 第×页账页记满时，应办理转页手续。

(5) 结出 7 月 2 日的发生额及结存金额并划通栏红线。

四、实训设计

【形式】 学生在教师指导下开设现金日记账并在指定行登记现金日记账。

【准备】 给每位学生提供现金日记账 2 页。

【评价】 本实训项目采用教师评价的方式，具体评价项目如图表附 7-6 所示。

五、实训单据

图表附 7-4　现金日记账

现 金 日 记 账

第×页

金额单位：元

年		凭证号数	对方科目	摘　要	收入(借方)金额	付出(贷方)金额	结存金额
月	日						

（续表）

年		凭证号数	对方科目	摘　要	收入(借方)金额	付出(贷方)金额	结存金额
月	日						

图表附 7-5　现金日记账

现 金 日 记 账

第×+1 页

金额单位:元

年		凭证号数	对方科目	摘　要	收入(借方)金额	付出(贷方)金额	结存金额
月	日						

（续表）

年		凭证号数	对方科目	摘　要	收入(借方)金额	付出(贷方)金额	结存金额
月	日						

图表附 7-6　评价表

现金日记账登记项目评价表

评价项目	分值	评分
承前页登记(2×5)	10	
7 月 1 日的本日合计	5	
7 月 2 日的日记账登记(12×5)	60	
日记账转页	5	
7 月 2 日的本日合计	10	
日记账账面整洁	10	
合　计	100	

实训 8　银行存款日记账的登记

一、实训目的

（1）学习和掌握根据审核无误的记账凭证登记银行存款日记账。

（2）学习和掌握银行存款日记账的日结和月结以及对日记账进行转页处理。

二、实训资料

（1）2022 年 6 月，梁溪市凌空股份有限公司银行存款日记账（基本存款账户）的发生额及结存金额如下：① 银行存款日记账 6 月 1 日余额为 1 423 687 元。银行存款日记账第×页第 1 行的资料：时间为 6 月 29 日；摘要为“承前页”；借方金额为 972 675 元；贷方金额为 965 487 元；借方余额为 1 430 875 元。② 银行存款日记账第×页第 15 行的资料：摘要为“本日合计”；借方金额为 1 456 890 元；贷方金额为 1 387 680 元；借方余额为 1 500 085 元。

（2）该公司会计林海根据 6 月 30 日银行存款收支业务填制的记账凭证如图表附 8-1、图表附 8-2、图表附 8-3 所示（注：为节约版面，图表附 8-3 为简化记账凭证）。

图表附 8-1　记账凭证

付 款 凭 证

贷方科目：银行存款　　　　2022 年 06 月 30 日　　　　银付字第 58 号

摘要	借方科目	明细科目	十	万	千	百	十	元	角	分	√
办理银行汇票	其他货币资金	汇票存款		2	0	0	0	0	0	0	
合　计			¥	2	0	0	0	0	0	0	

附单据 1 张

会计主管　　　记账　　　复核 沈益　　　出纳 王风　　　制单 华刚

图表附 8-2 记账凭证

收 款 凭 证

借方科目：银行存款　　　　2022 年 06 月 30 日　　　　银收字第 21 号

摘要	贷方科目	明细科目	金额								√
			十	万	千	百	十	元	角	分	
收回前欠货款	应收账款	华东机械		6	0	0	0	0	0	0	
合　计			¥	6	0	0	0	0	0	0	

附单据 1 张

会计主管　　记账　　复核 沈益　　出纳 王风　　制单 华刚

图表附 8-3 简化记账凭证

简化记账凭证

时间	编号	摘要	会计分录	√
06 月 30 日	银收 22	销售商品	借：银行存款——基本户　141 250 贷：主营业务收入　125 000 应交税费——应交增值税(销项税额) 16 250	
06 月 30 日	银付 59	付第二季度利息	借：应付利息　23 000 财务费用　15 783 贷：银行存款——基本户　38 783	
06 月 30 日	银付 60	付第三季度保险费	借：预付账款——太平洋保险公司　45 000 应交税费——应交增值税(进项税额)　2 700 贷：银行存款——基本户　47 700	
06 月 30 日	银收 23	预收货款	借：银行存款——基本户　250 000 贷：预收账款——东方制造　250 000	
06 月 30 日	银收 24	上月汇票款入账	借：银行存款——基本户　150 000 贷：应收票据——广发贸易　150 000	
06 月 30 日	银付 61	购入材料	借：原材料——方钢　186 000 应交税费——增值税(进项税额)　24 180 贷：银行存款——基本户　210 180	
06 月 30 日	银收 25	利息收入	借：银行存款——基本户　1 456.86 贷：财务费用——利息　1 456.86	
06 月 30 日	银付 62	提取现金	借：库存现金　20 000 贷：银行存款——基本户　20 000	
06 月 30 日	银付 63	付货款	借：在途物资——圆钢　96 000 应交税费——应交增值税　12 480 贷：银行存款——基本户　108 480	

（续表）

时间	编号	摘要	会计分录	√
06 月 30 日	银付 64	购进设备	借：在建工程——T3 机床 276 000 应交税费——应交增值税 （进项税额） 35 880 贷：银行存款——基本户 311 880	

三、实训要求

（1）根据资料登记银行存款日记账，在银行存款日记账（图表附 8-4）第×页第 1 行登记“承前页”金额；第 15 行登记 6 月 29 日的“本日合计”金额。

（2）从第 16 行起根据 6 月 30 日的记账凭证登记银行存款日记账（图表附 8-4、图表附 8-5）。

（3）账页记满时，应办理转页手续。

（4）结出 6 月 30 日的发生额及结存金额并划通栏红线。

（5）结出 6 月份的发生额及结存金额并划通栏红线。

四、实训设计

【形式】 学生在教师指导下开设银行日记账并在指定行登记银行日记账。

【准备】 给每位学生提供现金日记账 2 页。

【评价】 本实训项目由教师评价，具体评价项目如图表附 8-6 所示。

五、实训单据

图表附 8-4　银行存款日记账

银行存款日记账

第×页

金额单位：元

年		凭证号数	对方科目	摘　要	收入（借方）金额	付出（贷方）金额	结存金额
月	日						

（续表）

年		凭证号数	对方科目	摘　要	收入（借方）金额	付出（贷方）金额	结存金额
月	日						

图表附 8-5　银行存款日记账

银行存款日记账

第×+1 页

金额单位:元

年		凭证号数	对方科目	摘　要	收入（借方）金额	付出（贷方）金额	结存金额
月	日						

（续表）

年		凭证号数	对方科目	摘　要	收入（借方）金额	付出（贷方）金额	结存金额
月	日						

图表附 8-6　评价表

银行日记账登记项目评价表

评价项目	分值	评分
承前页登记	5	
6 月 29 日的本日合计	5	
6 月 30 日的日记账登记(13×5)	65	
日记账转页	5	
6 月 30 日的本日合计	5	
6 月 30 日的本月合计	5	
日记账账面整洁	10	
合　计	100	

实训 9　处理现金收支业务

一、实训目的

（1）学习和了解现金收支业务处理的程序。

（2）学习和掌握如何根据现金收支业务进行原始凭证的审核与填制。

二、实训资料

1. 企业有关情况

（1）单位名称：梁溪市凌空股份有限公司（一般纳税人），纳税人识别号：50706876596547A。

(2) 法人代表：缪建新；财务主管：庄薇。
(3) 会计：林海；出纳：王风。
(4) 单位地址及电话：梁溪市台山路 98 号，82676888。
(5) 开户行及账号：中国工商银行梁溪台山支行，430008675466338765。

2. 企业有关经济业务

2022 年 6 月 2 日，该企业的有关经济业务如下。

【业务 1】 销售产品，取得现金收入。

步骤：
(1) 审核单据：审核销售发票(图表附 9-1)。
(2) 收取款项：清点并复点现金，妥善保管好现金。
(3) 开具收据：审核无误后开具收款收据并加盖现金收讫章(图表附 9-2)。
(4) 移交凭证：将本业务单据移交会计林海编制记账凭证(图表附 9-3)。
(5) 登记日记账：根据审核后的现金收款凭证登记现金日记账(图表附 9-15)。
(6) 送存银行：将销售商品收到的现金当日送存银行。

图表附 9-1 增值税专用发票

江苏省增值税专用发票 No 03287212

此联不作报销、扣税凭证使用 开票日期：2022年06月02日

购买方	名　　称：梁溪市东方文具用品商店 纳税人识别号：321200456126034 地址、电话：中山北路 88 号 84708857 开户行及账号：交通银行第一营业处 2036411380	密码区	

货物或应税劳务名称	规格型号	单位	数量	单价	金额	税率	税额
增压器		台	2	900.00	1 800.00	13%	234.00
合计					1 800.00		234.00
价税合计（大写）	⊗贰仟零叁拾肆元整				（小写）¥2 034.00		

销售方	名　　称：梁溪市凌空股份有限公司 纳税人识别号：50706876596547A 地址、电话：梁溪市台山路 98 号 82676888 开户行及账户：中国工商银行梁溪台山支行 430008675466338765	备注	梁溪市凌空股份有限公司 50706876596547A 发票专用章

收款人：王风 复核人： 开票人：张旭 销售方：

第一联：记账联 销售方记账凭证

图表附 9-2 收据

收　据　　No 0008759

年　月　日

交款单位________	收款方式________
人民币（大写）________	¥________
收款事由________	
	年　月　日

二记账联

单位盖章　财务主管　记账　出纳　审核　经办

图表附 9-3 记账凭证

收款凭证

借方科目：　年　月　日　____收字第　号

摘要	贷方科目	明细科目	金额								
			十	万	千	百	十	元	角	分	
合计											

附单据　张

会计主管　记账　复核　出纳　制单

【业务 2】 出差费用报销涉及的转账业务与现金收入业务的处理。

步骤：

(1) 指导填单：指导何强填写出差费用报销单并经领导审核批准。

(2) 审核单据：审核何强填写的出差费用报销单(图表附 9-4)及所附的原始凭证(略)。

(3) 收取款项：收回何强交来的多余款并复点，妥善保管好；开出收据并加盖“现金收讫“印章”(图表附 9-5)；将收据付款人联与借款单交给何强。

(4) 移交凭证：将本业务单据移交会计林海编制记账凭证(图表附 9-6、图表附 9-7)。

(5) 登记日记账：根据审核后的现金收款记账凭证登记现金日记账(图表附 9-15)。

图表附 9-4　差旅费报销单

梁溪市凌空股份有限公司　　出差费用报销单

出差事由	去彭城开会				填报日期：2022年06月02日						附件		5张	
月/日	起止时间	起讫地点	车船费		途中补贴	住勤补贴		误餐补贴			旅馆费	市内交通费	行李搬运费	其他
			车次	金额	金额	天数	金额	中	晚	金额				
05/30	午 时 分	梁溪至彭城		160.00										
	午 时 分													
06/1	午 时 分	彭城至梁溪		160.00			540.00				700.00			
	午 时 分													
支出小计				320.00			540.00				700.00			
预支金额	1600.00	应付退（√）金额	40.00		支出金额（大写）		人民币壹仟伍佰陆拾元整							
领导审批	缪建新		财务经理		左徽	部门经理		张莉			报销人		何强	

图表附 9-5　收据

收　　据　　　　No　0008759

年　月　日

交款单位______________________　　　收款方式__________

人民币（大写）__________________　　　¥__________

收款事由____

年　月　日

二记账联

财会主管：　　记账：　　审核：　　出纳：　　经办：

图表附 9-6 记账凭证

收款凭证

借方科目： 年 月 日 ____收字 第 号

摘要	贷方科目	明细科目	金额								
			十	万	千	百	十	元	角	分	
合 计											

附单据 张

会计主管 记账 复核 出纳 制单

图表附 9-7 记账凭证

转账凭证

年 月 日 转字 第 号

摘要	借方		√	贷方		√	金额							
	总账科目	明细科目		总账科目	明细科目		十	万	千	百	十	元	角	分
合 计														

附单据 张

会计主管 记账 复核 制单

【业务 3】 从银行提取现金业务的处理(提取现金 20 000 元作为备用金)。

步骤：

(1) 查询余额：查询余额，确定银行存款余额大于要提取的金额。

(2) 填登记簿：登记现金支票使用登记簿(略)。

(3) 签发支票：根据支票领用单填写现金支票(图表附 9-8)。

(4) 取现保管：到银行提取现金，回单位后妥善保管好现金。

(5) 移交凭证：将本业务单据移交会计林海编制记账凭证(图表附 9-9)。

(6) 登记日记账：根据审核后的银行付款记账凭证登记现金日记账、银行存款日记账(图表附 9-15)。

图表附 9-8 现金支票

中国工商银行 现金支票存根 （苏） VI007366345	中国工商银行 现金支票（苏） VI007366345
附加信息	出票日期（大写） 年 月 日 付款行名称：
	收款人： 出票人账号：
出票日期 年 月 日	本支票付款期限十天
收款人：	人民币（大写） 十 万 千 百 十 元 角 分
金 额：	用途
用 途：	上列款项请从我账户内支付
单位主管 会计	出票人签章 复核 记账

图表附 9-9 记账凭证

付 款 凭 证

贷方科目： 年 月 日 ____付字 第 号

摘要	借方科目	明细科目	金额 十	万	千	百	十	元	角	分	
合 计											

附单据 张

会计主管 记账 复核 出纳 制单

【业务 4】 借出备用金的业务处理。

步骤：

(1) 指导填单：指导吴章填写借款申请单(图表附 9-10)并取得领导审核批准。

(2) 审核单据：审核借款申请单，借款人在申请单上签字。

(3) 加盖印章：在审核无误后的借款申请单上加盖“现金付讫”印章。

(4) 取现支付：取出现金 3 000 元，进行复点后付给吴章。

(4) 移交凭证：将本业务单据移交会计林海编制记账凭证(图表附 9-11)。

(5) 登记日记账：根据现金付款记账凭证登记现金日记账(图表附 9-15)。

图表附 9-10 借款申请单

借款申请单

2022年06月02日

借款单位	办公室吴章						
用途	出差滨海市预借差旅费						
金额（大写）人民币陆仟元整			¥6 000.00				
还款计划	2022年06月02日						
领导批准	缪建新	财务审批	左微	部门审批	杨汉东	出纳付款	王风
借款人	吴章		备注				

图表附 9-11 记账凭证

付款凭证

贷方科目：　　　　年　月　日　　　　____付字 第　号

摘要	借方科目	明细科目	金额								
			十	万	千	百	十	元	角	分	
											附单据　张
合　计											

会计主管　　记账　　复核　　出纳　　制单

【业务 5】 费用报销业务处理。

步骤：

（1）指导填单：指导陆浩国填写费用报销单，并经领导审批同意。

（2）审核单据：审核费用报销单（图表附 9-12）、咨询费发票（图表附 9-13）；在审核无误后的费用报销单上加盖“现金付讫”印章。

（3）支付现金：取出现金并进行复点后付给陆浩国。

（4）移交凭证：将本业务单据移交会计林海编制记账凭证（图表附 9-14）。

（5）登记日记账：根据现金付款记账凭证登记现金日记账（图表附 9-15）。

图表附 9-12　费用报销单

梁溪市凌空股份有限公司　费用报销单

购物（或业务往来）日期：2022年06月06日					背面附原始凭证　2 张
内容		发票号	单价	数量	金额
1	咨询费用				1200.00
2					
3					
备注：咨询费					
实报金额（大写）人民币壹仟贰佰元整　￥1200.00					
领导审批	缪建新	财务经理	庄微	部门经理	方敏	经手人	陆浩国

图表附 9-13　增值税专用发票

江苏省增值税专用发票　No　03287298

发票联　开票日期：2022年06月02日

购买方	名称：梁溪市凌空股份有限公司 纳税人识别号：50706876596547A 地址、电话：梁溪市台山路98号 82676888 开户行及账户：中国工商银行梁溪台山支行 430008675466338765	密码区					
货物或应税劳务名称	规格型号	单位	数量	单价	金额	税率	税额
咨询服务费			1	1132.08	1132.08	6%	67.92
合计					￥1132.08		￥67.92
价税合计（大写）	⊗壹仟贰佰元整　（小写）￥1200.00						
销售方	名称：梁溪市财付通财税咨询有限公司 纳税人识别号：643232099663333342P 地址、电话：梁溪市藕塘路15号　0510-71106688 开户行及账户：中国工商银行无锡通杨支行　6596007522876645	备注	梁溪市财付通财税咨询有限公司 643232099663333342P 发票专用章				

收款人：　复核人：　开票人：孙娟　销售方：（章）

第三联：发票联　购买方记账凭证

图表附 9-14 付款凭证

付款凭证

贷方科目：　　　　　　年　月　日　　　　　　____付字 第　号

摘要	借方科目	明细科目	金额								
			十	万	千	百	十	元	角	分	
											附单据 张
合　计											

会计主管　　记账　　复核　　出纳　　制单

图表附 9-15 现金日记账

现金日记账

年		凭证号数	对方科目	摘　要	收入(借方)金额	付出(贷方)金额	结存金额
月	日						
				承前页	236 807.00	237 447.00	4 560.00
06	01	现付 1	管理费用	业务招待费		1 250.00	
	01	现收 1	其他应收款	收回多余备用金	360.00		
	01	现付 2	税金及附加	购买印花税票		65.00	
	01	现收 2	主营业务收入等	销售商品	2 852.00		
	01	现付 3	银行存款	缴存银行		2 852.00	
06	01			本日合计	3 212.00	4 167.00	3 605.00
				过次页			

三、实训要求

(1) 根据各项业务处理过程要求进行现金收支业务过程模拟演练。

(2) 本日结束,现金日记账进行日结。

四、实训设计

【形式】 三人一组(出纳员、会计人员、业务员)进行模拟演练,根据经济业务发生情况进行模拟操作,结束后交换角色操作。

【准备】 现金支票 1 张、收据 2 张、收款凭证 2 张、付款凭证 3 张、转账凭证 1 张、现金日记账 1 页(上述材料已提供,条件许可下尽量用仿真材料)。

【评价】 本实训项目采用教师评价、同学互评、自我评价相结合的方式,具体评价项目如图表附 9-16 所示。

图表附 9-16 评价表

现金收支业务的处理项目评价表

阶段	评价项目	分 值	评 分
作品完成情况评价	业务 1:填制原始凭证、记账凭证	10	
	业务 2:填制原始凭证、记账凭证	10	
	业务 3:填制原始凭证、记账凭证	10	
	业务 4:填制记账凭证	5	
	业务 5:填制记账凭证	5	
	登记现金日记账	15	
模拟操作评价	自我评价	10	
	同学互评	20	
	教师评价	20	

实训 10 处理银行存款收支业务

一、实训目的

(1) 认知各种银行转账结算方式的办理流程。

(2) 学习和掌握填制各种银行结算凭证。

(3) 学习和掌握编制各种结算方式下的银行存款收付记账凭证。

二、实训资料

1. 企业有关情况

（1）单位名称：梁溪市凌空股份有限公司（一般纳税人），纳税人识别号：50706876596547A。

（2）法人代表：缪建新；财务主管：庄薇。

（3）会计：林海；出纳：王风。

（4）单位地址及电话：梁溪市台山路 98 号，82676888。

（5）开户行及账号：中国工商银行梁溪台山支行，430008675466338765。

2. 企业有关经济业务

2022 年 7 月 23 日，该企业有关经济业务如下。

【业务 1】 收到转账支票的业务处理，相关原始凭证如图表附 10-1、图表附 10-2、图表附 10-3 所示。

图表附 10-1 增值税专用发票

全国统一发票监制章

江苏省增值税专用发票 No 03287212

此联不作报销、扣款使用　　开票日期：2022年07月23日

购买方	名称：梁溪市永乐商贸有限公司 纳税人识别号：321254456126907G 地址、电话：永乐路 125 号 65678996 开户行及账户：交通银行梁溪南长支行 203641138000567932			密码区			
货物或应税劳务名称	规格型号	单位	数量	单价	金额	税率	税额
增压器		台	20	900.00	18 000.00	13%	2 340.00
合计					¥18 000.00		¥2 340.00
价税合计（大写）	⊗贰万零叁佰肆拾元整			（小写）¥20 340.00			
销售方	名称：梁溪市凌空股份有限公司 纳税人识别号：50706876596547A 地址、电话：梁溪市台山路 98 号 82676888 开户行及账户：中国工商银行梁溪台山支行 430008675466338765			备注	梁溪市凌空股份有限公司 50706876596547A 发票专用章		

收款人：王风　　复核人：　　开票人：张丽　　销售方：

第一联：记账联 销售方记账凭证

图表附 10-2　销售单

梁溪市凌空股份有限公司

销售单(代合同)

地址:梁溪市台山路 98 号

电话:0510-85433576　　NO.91622018

客户名称:梁溪市永乐商贸有限公司

地址电话:永乐路 125 号,65678996　　日期:2022 年 07 月 23 日

编号	名称	单位	数量	单价	金额	备注
	增压器	台	20	1 017.00	20 340.00	
合计　人民币(大写)贰万零叁佰肆拾元整					￥20 340.00	

会计联

销售经理:赵凯　　会计:林海　　经办人:陆国强　　仓库:宋江　　签收人:司凯

图表附 10-3　转账支票

中国工商银行　转账支票(苏)　　VI0083660754

本支票付款期限十天

出票日期(大写)贰零贰贰年柒月贰拾叁日　付款行名称:交通银行梁溪南长支行

收款人:梁溪市凌空股份有限公司　　出票人账号:2036411380000567932

人民币(大写)	十	万	千	百	十	元	角	分

用途 货款

上列款项请从

我账户内支付

出票人签章

梁溪市永乐商贸有限公司财务专用章　　荣莫印凯

复核　　记账

步骤:

(1) 审核票据:审核销售科开具的增值税专用发票(图表附 10-1)、销售单(图表附 10-

2)和梁溪市永乐商贸有限公司业务员交来的转账支票(图表附 10-3)。

(2) 填写支票:填写转账支票上的结算金额并找银行印鉴的保管人员在转账支票背面加盖公司的预留印鉴并填写结算金额。

(3) 加盖印章:在审核无误后的增值税专用发票上加盖“银行收讫”印章,留下发票的记账联,将发票联、抵扣联及提货单交给客户。

(4) 填进账单:填写进账单(图表附 10-4),前往开户银行连同支票一并办理进账手续。

(5) 登记日记账移交凭证:将本业务单据移交会计林海编制记账凭证(图表附 10-5)。

(6) 登记日记账:根据审核后的银行收款记账凭证登记银行存款日记账(图表附 10-42)。

图表附 10-4 进账单

ICBC 中国工商银行 **进账单** (收账通知) 3

年 月 日 第 号

出票人	全称		收款人	全称	
	账号			账号	
	开户银行			开户银行	
金额	人民币(大写)				千 百 十 万 千 百 十 元 角 分
票据种类		票据张数			
票据号码					
复核 记账				持票人开户行盖章	

此联是收款人开户银行交给收款人的收账通知

图表附 10-5 付款凭证

收 款 凭 证

借方科目: 年 月 日 ____收字 第 号

摘要	贷方科目	明细科目	金额 十 万 千 百 十 元 角 分	
合 计				

附单据 张

会计主管 记账 复核 出纳 制单

【业务 2】 以转账支票支付款项的业务处理，相关原始凭证如图表附 10-6、图表附 10-7 所示。

图表附 10-6 费用报销单

梁溪市凌空股份有限公司 费用报销单

购物（或业务往来）日期： 2022 年 07 月 23 日			背面附原始凭证 1 张		
内 容		发 票 号	单 价	数 量	金 额
1	广告设计费	05787234			9 270.00
2					
3					
实报金额（大写）人民币玖仟贰佰柒拾元整		¥9 270.00			

审批	缪建新	财务经理	庄儆	部门经理	苏华	报销人	雍明

图表附 10-7 增值税专用发票

江苏省增值税专用发票 No 05787234

发 票 联 开票日期：2022年 07 月 23 日

购买方	名 称：梁溪市凌空股份有限公司 纳税人识别号：50706876596547A 地址 、 电话：梁溪市台山路 98 号 82676888 开户行及账户：中国工商银行梁溪台山支行 4300086754663387 65	密码区	

货物或应税劳务名称	规格型号	单位	数量	单价	金额	税率	税额
广告设计费		项			9 000.00	3%	270.00
合计					¥9 000.00		¥270.00
价税合计（大写）	⊗玖仟贰佰柒拾元整				（小写）¥9 270.00		

销售方	名 称：梁溪市弘毅广告有限公司 纳税人识别号：61320200835996666G 地址 、 电话：梁溪市江海西路 666 号 0510-65322666 开户行及账户：交通银行梁溪江海支行 323232099998333	备注	梁溪市弘毅广告有限公司 61320200835996666G 发票专用章

收款人： 复核人： 开票人：王维 销售方：

第三联：发票联 购买方记账凭证

步骤:

(1) 审核票据:审核报销单(图表附 10-6)和购货发票(图表附 10-7)。

(2) 查询余额:查询存款余额,申请支票并登记转账支票登记簿(图表附 10-8)。

(3) 签发支票:填写转账支票(图表附 10-9),将支票正联交给对方业务员。

(4) 移交凭证:将本业务单据移交会计林海编制记账凭证(图表附 10-10)。

(5) 登记日记账:出纳员根据审核后的记账凭证登记银行存款日记账(图表附 10-42)。

图表附 10-8　转账支票登记簿

转账支票使用登记簿

日期	转账支票号码	领用人	金额	用途	备注
2022 年 07 月 22 日	83660753	杨剑	80 000.00	货款	
2022 年 07 月 22 日	83660754	李大伟	30 000.00	货款	

图表附 10-9　转账支票

中国工商银行
转账支票存根 （苏）
VI0083660755
附加信息
出票日期　年　月　日
收款人:
金 额:
用 途:
单位主管　会计

本支票付款期限十天

中国工商银行 转账支票（苏）　VI0083660755
出票日期（大写）:年　月　日　付款行名称:
收款人:　出票人账号:

人民币（大写）	十	万	千	百	十	元	角	分

用途____
上列款项请从
我账户内支付
出票人签章　复核　记账

图表附 10-10 记账凭证

付 款 凭 证

贷方科目： 年 月 日 ____付字 第 号

摘要	借方科目	明细科目	金额								
			十	万	千	百	十	元	角	分	
合 计											

附单据 张

会计主管 记账 复核 出纳 制单

【**业务 3**】 办理银行汇票业务，相关原始凭证如图表附 10-11 所示。

图表附 10-11 付款申请书

梁溪市凌空股份有限公司付款申请书

2022年07月23日

用途	金额											收款单位：彭城沙钢有限公司
支付货款	亿	千	百	十	万	千	百	十	元	角	分	账号：320878540067987665
			￥	1	2	0	0	0	0	0	0	开户银行：农业银行彭城泰山支行
金额大写(合计)	人民币壹拾贰万元整											电汇☐ 转账 ☐ 汇票☑ 网银☐

总经理	缪建新	财务部门	经理	庄微	经办部门	经理	苏华
			会计	林海		经办人	陆熠

步骤：

(1) 审核单据：审核业务员交来的付款申请书(图表附 10-11)。

(2) 查询余额：审核无误后查询存款余额，填制结算业务申请书(图表附 10-12)。

(3) 办理汇票：持结算业务申请书前往开户银行办理，取得银行汇(本)票申请书回单和银行汇票，回单位后将银行汇票交给业务员。

(4) 移交凭证：将本业务单据移交会计林海编制记账凭证(图表附 10-13)。

(5) 登记日记账：根据审核后的银行付款记账凭证登记银行存款日记账(图表附 10-42)。

图表附 10-12 结算业务申请书

中国工商银行　　结算业务申请书　　No 66187654

申请日期　　年　月　日

<table>
<tr><td colspan="2">业务类型</td><td>□银行汇票 □银行本票 □电汇</td><td colspan="13">☑转账　　□现金</td></tr>
<tr><td rowspan="3">申请人</td><td>全 称</td><td></td><td rowspan="3">收款人</td><td>全 称</td><td colspan="11"></td></tr>
<tr><td>账 号</td><td></td><td>账 号</td><td colspan="11"></td></tr>
<tr><td>开户行</td><td></td><td>开户行</td><td colspan="11"></td></tr>
<tr><td rowspan="2">金额</td><td colspan="4" rowspan="2">（大写）</td><td>千</td><td>百</td><td>十</td><td>万</td><td>千</td><td>百</td><td>十</td><td>元</td><td>角</td><td>分</td></tr>
<tr><td></td><td></td><td></td><td></td><td></td><td></td><td></td><td></td><td></td><td></td></tr>
<tr><td colspan="3" rowspan="2">申请人签章</td><td>支付密码</td><td colspan="11"></td></tr>
<tr><td colspan="2">附加信息及用途</td><td colspan="10">电汇时选择
普通□
加急□</td></tr>
</table>

第一联：银行记账凭证

图表附 10-13 记账凭证

付 款 凭 证

贷方科目：　　　　年　月　日　　　　____付字 第　号

摘要	借方科目	明细科目	金额								
			十	万	千	百	十	元	角	分	
合 计											

附单据　张

会计主管　　记账　　复核　　出纳　　制单

【业务 4】 以银行汇票采购材料的业务处理，相关原始凭证如图表附 10-14 至图表附 10-17 所示。

图表附 10-14 费用报销单

梁溪市凌空股份有限公司 费用报销单

购物（或业务往来）日期： 2022 年 07 月 23 日			背面附原始凭证 1 张		
内 容		发 票 号	单 价	数 量	金 额
1	货款		40.00	2 600	104 000.00
2	增值税				13 520.00
3					
实报金额（大写）人民币壹拾壹万柒仟伍佰贰拾元整			¥117 520.00		

审批	缪建新	财务经理	庄微	部门经理	苏华	报销人	雍明

图表附 10-15 增值税专用发票

江苏省增值税专用发票

No 05787234

发 票 联 开票日期：2022年 07月 22 日

购买方	名称：梁溪市凌空股份有限公司 纳税人识别号：50706876596547A 地址、电话：梁溪市台山路 98 号 82676888 开户行及账户：中国工商银行梁溪台山支行 430008675466338765					密码区	
货物或应税劳务名称	规格型号	单位	数量	单价	金额	税率	税额
合结钢		吨	40	2 600.00	104 000.00	13%	13 520.00
合计					¥104 000.00		¥13 520.00
价税合计（大写）	⊗壹拾壹万柒仟伍佰贰拾元整				（小写）¥117 520.00		
销售方	名称：彭城沙钢有限公司 纳税人识别号：600567893455372 地址、电话：彭城市泰山路 69 号 0517-65322349 开户行及账户：中国农业银行彭城泰山支行 320878540067987665					备注	彭城沙钢有限公司 60056789345537Q 发票专用章

收款人： 复核人： 开票人：崔强 销售方：

第三联：发票联 购买方记账凭证

图表附 10-16 销售单

彭城沙钢有限公司

销售单(代合同)

地址:彭城市泰山路 69 号

电话:0517-65322349　　NO.7130271

客户名称:梁溪市凌空股份有限公司

地址电话:梁溪市台山路 98 号,82676888　　日期:2022 年 07 月 22 日

编号	名称	单位	数量	单价	金额	备注
2001	合结钢	吨	40	2 600.00	104 000.00	
合计	人民币(大写)壹拾万零肆仟元整				¥104 000.00	

业务联

销售经理:乐凯　会计:龚莉　经办人:黄芳　仓库:孙娟　签收人:吕明

图表附 10-17 入库单

入 库 单

2022 年 07 月 23 日

交来单位	彭城沙钢有限公司	仓库	材料 01 号库	入库日期	2022 年 07 月 22 日	
编号	名称及规格	单位	数量		金额	
			订购数量	实收数量	单价	金额
	钢材	吨	40	40	2 600.00	104 000.00
	合　计					

部门经理:　会计:林海　仓库:张来　经办人:雍明

步骤:

(1) 审核单据:审核业务员交来的费用报销单(图表附 10-14)、增值税专用发票(图表附 10-15)、销售单(图表附 10-16)、入库单(图表附 10-17)。

(2) 核对金额:将购货金额与原办理的银行汇票金额核对,确定差额款,以备结清余款。

(3) 移交凭证:将本业务单据移交会计林海编制记账凭证(图表附 10-18)。

图表附 10-18 记账凭证

转 账 凭 证

年　　月　　日　　　　　　　　　　　　转字 第　　号

摘要	借方		√	贷方		√	金额								附单据　张
	总账科目	明细科目		总账科目	明细科目		十	万	千	百	十	元	角	分	
合 计															

会计主管　　　　记账　　　　复核　　　　制单

【业务 5】 收到银行汇票多余款的业务处理，相关原始凭证如图表附 10-19 所示。

图表附 10-19 银行汇票

付款期限
壹 个 月

中国工商银行　　　　XI00448798

银 行 汇 票（多余款项收账通知） 4　　　　第　　号

出票日期（大写）：贰零贰贰年陆月贰拾捌日

代理付款行：中国农业银行彭城泰山支行
行号：681976003

收款人：彭城沙钢有限公司		账号：320878540067987665									
出票金额	人民币（大写） 壹拾贰万元整										
实际结算金额	人民币（大写） 壹拾壹万柒仟伍佰贰拾元整	千	百	十	万	千	百	十	元	角	分
			¥	1	1	7	5	2	0	0	0

申请人：梁溪市凌空股份有限公司　　　　账号或住址：430008675466338765

出票行：中国工商银行梁溪台山支行

备　注：贷款

多余金额										科目（贷）＿＿＿＿
千	百	十	万	千	百	十	元	角	分	对方科目（借）＿＿＿＿
			¥	2	4	8	0	0	0	转账日期：　年　月　日
										复核　　记账

收款行盖章

中国工商银行
梁溪台山支行
2022.07.23
办讫章
（02）

复核　　经办

步骤：

（1）审核单据：审核银行转来的银行汇票第四联（图表附 10-19），与采购业务票据进行核对。

（2）移交凭证：将本业务单据移交会计林海编制记账凭证（图表附 10-20）。

（3）登记日记账：根据审核后的银行收款记账凭证登记银行存款日记账（图表附 10-42）。

图表附 10-20　付款凭证

收 款 凭 证

借方科目：　　　　　　　　　年　　月　　日　　　　　　　　____收字 第　 号

摘要	贷方科目	明细科目	金额								
			十	万	千	百	十	元	角	分	
											附单据　张
合　计											

会计主管　　　　记账　　　　复核　　　　出纳　　　　制单

【业务 6】 销售商品收到银行汇票的业务处理，相关原始凭证如图表附 10-21 至图表附 10-24 所示。

图表附 10-21　增值税专用发票

江苏省增值税专用发票　　　　No　03287311

此联不作报销、扣款使用　　　　开票日期：2022年 07月 23日

<table>
<tr><td rowspan="4">购买方</td><td colspan="5">名　　称：南海华瑞贸易有限公司</td><td rowspan="4">密码区</td><td colspan="2" rowspan="4"></td></tr>
<tr><td colspan="5">纳税人识别号：231254456127356</td></tr>
<tr><td colspan="5">地址、电话：向阳路 12 号　42708458</td></tr>
<tr><td colspan="5">开户行及账号：中国农业银行南海海峡支行　435646411667</td></tr>
<tr><td colspan="2">货物或应税劳务名称</td><td>规格型号</td><td>单位</td><td>数量</td><td>单价</td><td>金额</td><td>税率</td><td>税额</td></tr>
<tr><td colspan="2">增压器</td><td></td><td>台</td><td>200</td><td>400</td><td>80 000</td><td>13%</td><td>10 400</td></tr>
<tr><td colspan="2">合计</td><td></td><td></td><td></td><td></td><td>80 000</td><td></td><td>10 400</td></tr>
<tr><td colspan="2">价税合计（大写）</td><td colspan="7">⊗ 玖万零肆佰元整　　（小写）¥90 400.00</td></tr>
<tr><td rowspan="4">销售方</td><td colspan="5">名　　称：梁溪市凌空服饰有限公司</td><td rowspan="4">备注</td><td colspan="2" rowspan="4"></td></tr>
<tr><td colspan="5">纳税人识别号：50706876596547A</td></tr>
<tr><td colspan="5">地址、电话：梁溪市台山路 98 号　82676888</td></tr>
<tr><td colspan="5">开户行及账号：中国工商银行梁溪台山支行　43000867546638765</td></tr>
</table>

第一联：记账联　销售方记账凭证

收款人：王风　　　　复核人：王凯　　　　开票人：杨芳　　　　销售方：

图表附 10-22　销售单

梁溪市凌空股份有限公司

销售单(代合同)

地址:梁溪市台山路 98 号

电话:0510-82676888　　　　NO.91622067

客户名称:南海华瑞贸易有限公司

地址电话:向阳路 12 号,42708458　　　　日期:2022 年 07 月 23 日

编号	名称	单位	数量	单价	金额	备注
	增压器	台	20	400.00	80 000.00	
合计　人民币(大写)捌万元整					¥80 000.00	

会计联

销售经理:赵凯　　会计:林海　　经办人:陆国强　　仓库:宋江　　签收人:司凯

图表附 10-23　银行汇票

付款期限
壹 个 月

中国农业银行　　　　XI03243234

银 行 汇 票 2　　　　第　号

出票日期(大写)　贰零贰贰年柒月零贰日

代理付款行:中国工商银行梁溪台山支行

行　号:54078765

收款人:梁溪市凌空股份有限公司　　账号:430008675466338765

出票金额	人民币(大写)壹拾万元整										
实际结算金额	人民币(大写)	千	百	十	万	千	百	十	元	角	分

申请人:南海华瑞贸易有限公司　　账号或住址:435646411667

出票行:中国农业银行南海琼山支行

备　注:货款

凭票付款

出票行签章

中国农业银行南海琼山支行
303507902659
汇票专用章

科目(借)

对方科目(贷)

兑付日期:2022年 07 月 23 日

复核　　记账

图表附 10-24　银行汇票

付款期限
壹 个 月

中国农业银行　　XI03243234

银 行 汇 票（解讫通知） 3　　第　号

出票日期（大写）　贰零贰贰年柒月零贰日

代理付款行：中国工商银行梁台山支行

行号：54078765

收款人：梁溪市凌空股份有限公司		账号：430008675466338765										
出票金额	人民币（大写）壹拾万元整											
实际结算金额	人民币（大写）	千	百	十	万	千	百	十	元	角	分	

申请人：南海华瑞贸易有限公司　　账号或住址：435646411667

出票行：中国农业银行南海城山支行

备　注：货款

凭票付款

出票行签章

（印章：中国农业银行南海城山支行 303507902659 汇票专用章）

多余金额										科目（贷）________
千	百	十	万	千	百	十	元	角	分	对方科目（借）________
										转账日期：2022年 07月 23日
										复核　　记账

步骤：

（1）审核单据：审核销售发票（图表附 10-21）、销售单（图表附 10-22）和异地南海华瑞贸易有限公司业务员交来的银行汇票（图表附 10-23、图表附 10-24）。

（2）填写金额：填写银行汇票上的结算金额和多余金额。

（3）填进账单：填制进账单（图表附 10-25），前往开户银行连同银行汇票一并办理进账手续。

（4）移交凭证：将本业务单据移交会计林海编制记账凭证（图表附 10-26）。

（5）登记日记账：根据审核后的银行收款记账凭证登记银行存款日记账（图表附 10-42）。

图表附 10-25 进账单

ICBC 中国工商银行 **进账单** （收账通知）

年 月 日 第 号

出票人	全 称		收款人	全 称	
	账 号			账 号	
	开户银行			开户银行	

	千	百	十	万	千	百	十	元	角	分
人民币（大写）										

票据种类		票据张数		开户行签章
票据号码				
	复核	记账		

图表附 10-26 记账凭证

收 款 凭 证

借方科目： 年 月 日 ____收字 第 号

摘要	贷方科目	明细科目	金额 十	万	千	百	十	元	角	分
合 计										

附单据 张

会计主管 记账 复核 出纳 制单

【业务 7】 银行转来的托收凭证业务处理，相关原始凭证如图表附 10-27 所示。

步骤：

(1) 查看备款：出纳员应及时查看银行承兑汇票是否到期，在票据到期前将足额的票款存入存款账号。

(2) 审核单据：出纳员从银行取得托收凭证（图表附 10-27），核对付款通知和银行承兑汇票的相关信息，确认无误后，银行把款项转给收款人。

(3) 移交凭证：将本业务单据移交会计林海编制记账凭证（图表附 10-28）。

(4) 登记日记账：根据审核后的银行收款记账凭证登记银行存款日记账（图表附 10-42）。

图表附 10-27 托收凭证

ICBC 中国工商银行 **托收凭证** （付款通知） 5

委托日期 2022 年 07 月 18 日　　　第　　号

业务类型	委托收款（□邮划、☑电划）　托收承付（□邮划、□电划）														
收款人	全称	常州蓝天有限公司	付款人	全称	梁溪市凌空股份有限公司										
	账号	2043153445 6566633352		账号	430008675466338765										
	开户行	中国工商银行常州郊区支行		开户行	中国工商银行梁溪台山支行										
	地址	常州市芳桥路19号		地址	梁溪市台山路98号										
金额	人民币（大写）	壹拾贰万元整			千	百	十	万	千	百	十	元	角	分	
						￥	1	2	0	0	0	0	0	0	
款项内容	货款	托收凭据名称	银行承兑汇票		附寄单证张数	1									
商品发运情况	已发		合同名称号码		编号 202204223										
备注： 复核　　记账	款项收妥日期 年　月　日				收款人开户银行签章 年　月　日										

（印章：中国工商银行常州郊区支行 2035079027822 业务专用章）

此联是付款人开户银行给付款人的付款通知

图表附 10-28 记账凭证

付 款 凭 证

贷方科目：　　　　年　月　日　　　　____付字第　号

摘要	借方科目	明细科目	金额 十	万	千	百	十	元	角	分	
合计											

附单据　张

会计主管　　记账　　复核　　出纳　　制单

【业务 8】　托收银行承兑汇票款业务办理，相关原始凭证如图表附 10-29 所示。

图表附 10-29　银行承兑汇票正面

银行承兑汇票　2　　40207045
2056872

出票日期（大写）贰零贰贰年零壹月贰拾叁日

出票人全称	苏州虎丘文具有限公司	收款人	全　称	梁溪市凌空股份有限公司
出票人账号	4256464117767772		账　号	4300086754663387665
付款行名称	中国银行苏州虎丘路支行		开户银行	中国工商银行梁溪台山支行

出票金额	人民币（大写）陆万元整	千	百	十	万	千	百	十	元	角	分
				¥	6	0	0	0	0	0	0

票据到期日（大写）	贰零贰贰年陆月壹拾陆日	付款行	行号	2035079027822
承兑协议编号	银承兑 202294 号		地址	中国银行苏州虎丘路支行

本汇票请你行承兑，到期无条件付款。 苏州虎丘文具有限公司财务专用章　清朱 出票人签章	本汇票已经承兑，到期日由本行付款。 中国银行苏州虎丘路支行 2035079027822 汇票专用章 承兑行签章 承兑日期　年　月　日	密押 复核　　记账

图表附 10-30　银行承兑汇票背面

背书人	被背书人
梁溪市凌空股份有限公司财务专用章　新穆印建 委托收款　　背书人签章 年　月　日	背书人签章 年　月　日

步骤：

（1）提示付款：出纳员应定期查看相关备查簿，对即将到期的银行承兑汇票向承兑银行提示付款（汇票到期日起 10 日内）。

（2）填托收凭证：出纳员应先在银行承兑汇票背面的“背书人签章处”加盖银行预留印鉴并注明“委托收款”字样（图表附 10-30）；然后填制托收凭证（图表附 10-31）并在第二联上加盖银行预留印鉴。

（3）办理托收：出纳员先将银行承兑汇票复印两份（一份交会计人员，一份自己保管）；然后前往银行将托收凭证和银行承兑汇票交银行办理委托并取回托收凭证回单联。

（4）款项回笼：款项到达单位账户后，出纳员会在银行柜台取得托收凭证收账通知（图表附 10-32）。

（5）移交凭证：将本业务单据移交会计林海编制记账凭证（图表附 10-33）。

（6）登记日记账：根据审核后的银行收款记账凭证登记银行存款日记账（图表附 10-42）。

图表附 10-31　托收凭证

ICBC 中国工商银行 **托收凭证** （贷方凭证） **2**

委托日期　年　月　日　　第　号

<table>
<tr><td colspan="2">业务类型</td><td colspan="4">委托收款（□邮划、☑电划）　托收承付（□邮划、□电划）</td></tr>
<tr><td rowspan="3">收款人</td><td>全称</td><td></td><td rowspan="3">付款人</td><td>全称</td><td></td></tr>
<tr><td>账号</td><td></td><td>账号</td><td></td></tr>
<tr><td>地址</td><td>省　市　开户行</td><td>地址</td><td>省　市　开户行</td></tr>
<tr><td colspan="2">金额</td><td colspan="3">人民币（大写）</td><td>千 百 十 万 千 百 十 元 角 分</td></tr>
<tr><td colspan="2">款项内容</td><td>托收凭据名称</td><td colspan="2"></td><td>附寄单证张数</td></tr>
<tr><td colspan="2">商品发运情况</td><td colspan="2"></td><td>合同名称号码</td><td></td></tr>
<tr><td colspan="2">备注
收款人开户银行收到日期

年　月　日</td><td colspan="2">上列款项随附有关债务证明，请予办理。

收款人签章</td><td colspan="2">

复核　记账</td></tr>
</table>

此联是收款人开户银行作贷方凭证

图表附 10-32 托收凭证

ICBC 中国工商银行 托收凭证 （收款通知） 4

委托日期 2022年07月23日 第 号

业务类型	委托收款（□邮划、☑电划） 托收承付（□邮划、□电划）					
收款人	全称	梁溪市凌空服饰有限公司	付款人	全称	苏州虎丘文具有限公司	
	账号	430008675466338765		账号	4256464117767772	
	地址	江苏省梁溪市 开户行 中国工商银行梁溪台山支行		地址	江苏省苏州市	开户行 中国银行苏州虎丘路支行
金额	人民币（大写）陆万元整	千 百 十 万 千 百 十 元 角 分			¥ 6 0 0 0 0 0 0	
款项内容	货款	托收凭据名称	银行承兑汇票	附寄单证张数	1	
商品发运情况		合同名称号码				
备注 收款人开户银行收到日期 年 月 日	上列款项已划回收入你方账户。 收款人行开户行签章。 收款人签章		复核 记账			

此联是收款人开户银做收款通知

图表附 10-33 记账凭证

收 款 凭 证

借方科目： 年 月 日 ____收字第 号

摘要	贷方科目	明细科目	金额（十万千百十元角分）	
合 计				

附单据 张

会计主管 记账 复核 出纳 制单

【业务9】 网银缴纳付款业务处理，相关原始凭证如图表附 10-34、图表附 10-35 所示（注：图表附 10-35 显示部分职工缴存明细，其余从略）。

图表附 10-34 银行回单

ICBC 中国工商银行单位客户专用回单 No 598

币别：人民币 2022 年 07 月 23 日 流水号：2765448736727867432

付款人	全称	梁溪市凌空股份有限公司	收款人	全称	惠山区公积金网上缴费银行托收挂账账户
	账号	430008675466338765		账号	320688999000653002
	开户行	中国工商银行梁溪台山支行		开户行	中国工商银行无锡惠山区支行营业部

金额	千	百	十	万	千	百	十	元	角	分
人民币（大写）陆万贰仟叁佰陆拾捌元整			¥	6	2	3	6	8	0	0

凭证种类	电子转账凭证	凭证号码	46653746818
结算方式	转账	用途	住房公积金托收

打印柜员：320654202

打印机构：中国工商银行梁溪台山支行

打印卡号：4320000000012874

（中国工商银行梁溪台山支行 电子回单 专用章）

（借方凭证）（付款人回单）

打印时间 2022-5-16 交易柜员： 交易机构：32176813

图表附 10-35 住房公积金单位汇补缴存明细表

梁溪市住房公积金单位汇补缴存明细表

单位名称		梁溪市凌空股份有限公司				
单位公积金代码		680033656				
序号	个人公积金账号	姓名	业务类别	汇补缴金额	缴存月份	入账日期
1	2065466326	洪凯生	汇缴	2 468.00	202205	20220513
2	8005487627	肖　敏	汇缴	1 732.00	202205	20220513
3	3245879254	祝　云	汇缴	846.00	202205	20220513
4	9067452522	袁红萍	汇缴	1 656.00	202205	20220513
5	1337865430	许佳敏	汇缴	984.00	202205	20220513
6	7653422906	龚　丽	汇缴	638.00	202205	20220513
以下从略						

步骤：

（1）录入清册：根据当月职工住房公积金扣缴情况，登录公积金公共服务平台录入当月变更和调整情况，进行汇缴录入。

（2）划拨款项：根据当月住房公积金代扣金额，将住房公积金汇缴款划拨到住房公积金的指定银行账户中。

（3）审核单据：审核银行回单并与汇缴清册核对（图表附 10-34、图表附 10-35）。

（4）移交凭证：将本业务单据移交会计编制记账凭证（图表附 10-36）。

（5）登记日记账：根据审核后的记账凭证登记银行存款日记账（图表附 10-42）。

图表附 10-36　记账凭证

付 款 凭 证

贷方科目：　　　　　　　　　　年　　月　　日　　　　　　　　____付字 第　号

<table>
<tr><td rowspan="2">摘要</td><td rowspan="2">借方科目</td><td rowspan="2">明细科目</td><td colspan="8">金　额</td><td rowspan="2"></td></tr>
<tr><td>十</td><td>万</td><td>千</td><td>百</td><td>十</td><td>元</td><td>角</td><td>分</td></tr>
<tr><td></td><td></td><td></td><td></td><td></td><td></td><td></td><td></td><td></td><td></td><td></td><td></td></tr>
<tr><td></td><td></td><td></td><td></td><td></td><td></td><td></td><td></td><td></td><td></td><td></td><td></td></tr>
<tr><td></td><td></td><td></td><td></td><td></td><td></td><td></td><td></td><td></td><td></td><td></td><td></td></tr>
<tr><td></td><td></td><td></td><td></td><td></td><td></td><td></td><td></td><td></td><td></td><td></td><td></td></tr>
<tr><td></td><td></td><td></td><td></td><td></td><td></td><td></td><td></td><td></td><td></td><td></td><td></td></tr>
<tr><td colspan="3">合　计</td><td></td><td></td><td></td><td></td><td></td><td></td><td></td><td></td><td></td></tr>
</table>

附单据　张

会计主管　　　　记账　　　　复核　　　　出纳　　　　制单

【业务 10】 网银支付欠货款业务处理，相关原始凭证如图表附 10-37 所示。

图表附 10-37　付款申请书

付款申请书

银行付讫

2022 年 07 月 23 日

<table>
<tr><td>用途及情况</td><td colspan="11">金　额</td><td colspan="4">收款单位：梁溪市滨湖钢管有限公司</td></tr>
<tr><td rowspan="2">支付欠货款</td><td>亿</td><td>千</td><td>百</td><td>十</td><td>万</td><td>千</td><td>百</td><td>十</td><td>元</td><td>角</td><td>分</td><td colspan="4">账号：32323209977700342</td></tr>
<tr><td></td><td></td><td></td><td>¥</td><td>5</td><td>6</td><td>5</td><td>0</td><td>0</td><td>0</td><td>0</td><td colspan="4">开户行：交通银行无锡滨湖支行</td></tr>
<tr><td>金额大写（合计）</td><td colspan="11">人民币伍万陆仟伍佰元整</td><td colspan="4">电汇□　转账□　汇票□　网银☑　其他□</td></tr>
<tr><td rowspan="2">总经理</td><td rowspan="2" colspan="2">缪见新</td><td rowspan="2" colspan="3">财务部门</td><td colspan="2">经理</td><td colspan="4">庄薇</td><td rowspan="2">经办部门</td><td>经理</td><td colspan="2">王峰</td></tr>
<tr><td colspan="2">会计</td><td colspan="4">龚丽</td><td>经办人</td><td colspan="2">鲁基业</td></tr>
</table>

步骤：

（1）审核单据：审核业务员交来的经领导批准的付款申请书。

（2）网银支付：按管理权限进行网银支付。

（3）取得回单：网上交易成功后，出纳员在网上银行查找已经付款的信息，并可以打印银行回单（图表附 10-38）（注：此回单出纳员也可以在交易成功后的第二天到银行柜台取回）。

（4）移交凭证：将本业务单据移交会计林海编制记账凭证（图表附 10-39）。

（5）登记日记账：根据审核后的银行收款记账凭证登记银行存款日记账（图表附 10-42）。

图表附 10-38　银行回单

ICBC 中国工商银行单位客户专用回单　No 598

币别：人民币　　2022年07月23日　　流水号：2765448736727867432

付款人	全 称	梁溪凌空股份有限公司	收款人	全 称	梁溪市滨湖钢管有限公司
	账 号	430008675466338765		账 号	32323209977700342
	开户行	中国工商银行梁溪台山支行		开户行	交通银行无锡滨湖支行

金 额	人民币（大写）伍万陆仟伍佰元整	千	百	十	万	千	百	十	元	角	分
				¥	5	6	5	0	0	0	0

凭证种类	电子转账凭证	凭证号码	46653746818
结算方式	转账	用　途	货款

打印柜员：320654202

打印机构：中国工商银行无锡建业支行

打印卡号：432000000012765

（中国工商银行无锡建业支行 电子回单 专用章）

（借方凭证）（付款人回单）

打印时间 2022-6-13　　交易柜员：　　交易机构：32176813

图表附 10-39　记账凭证

付 款 凭 证

贷方科目：　　　　年　　月　　日　　　　____付字 第　号

摘要	借方科目	明细科目	金额 十	万	千	百	十	元	角	分
合　计										

附单据　张

会计主管　　记账　　复核　　出纳　　制单

【业务 11】 网银收款业务处理，相关原始凭证如图表附 10-40 所示。

图表附 10-40　银行单位客户专用回单

ICBC　中国工商银行单位客户专用回单　　No 963

币别：人民币　　2022 年 07 月 23 日　　流水号：27654487367278696543

<table>
<tr><td rowspan="3">付款人</td><td>全 称</td><td>梁溪市江海贸易有限公司</td><td rowspan="3">收款人</td><td>全 称</td><td colspan="2">梁溪市凌空股份有限公司</td></tr>
<tr><td>账 号</td><td>2043153445000563228</td><td>账 号</td><td colspan="2">430008675466338765</td></tr>
<tr><td>开户行</td><td>中国工商银行无锡旺庄路支行</td><td>开户行</td><td colspan="2">中国工商银行梁溪台山支行</td></tr>
<tr><td colspan="2">金 额</td><td colspan="4">人民币（大写）伍万陆仟伍佰元整</td><td>千 百 十 万 千 百 十 元 角 分
　　 ￥ 5 6 5 0 0 0 0</td></tr>
<tr><td colspan="2">凭证种类</td><td>电子转账凭证</td><td colspan="2">凭证号码</td><td colspan="2">2202486535</td></tr>
<tr><td colspan="2">结算方式</td><td>转账</td><td colspan="2">用　途</td><td colspan="2">货款</td></tr>
<tr><td colspan="3"></td><td colspan="4">打印柜员：320654202
打印机构：中国工商银行梁溪台山支行
打印卡号：4320000000012986</td></tr>
</table>

步骤：

(1) 审核单据：审核从银行取得的回单并核对往来明细账。

(2) 移交凭证：将本业务单据移交会计林海编制记账凭证(图表附 10-41)。

(3) 登记日记账：根据审核后的记账凭证登记银行存款日记账(图表附 10-42)。

图表附 10-41　记账凭证

收 款 凭 证

借方科目：　　　　年　　月　　日　　　　____收字 第　号

<table>
<tr><td rowspan="2">摘要</td><td rowspan="2">贷方科目</td><td rowspan="2">明细科目</td><td colspan="8">金　额</td><td rowspan="2">√</td><td rowspan="8">附单据　张</td></tr>
<tr><td>十</td><td>万</td><td>千</td><td>百</td><td>十</td><td>元</td><td>角</td><td>分</td></tr>
<tr><td></td><td></td><td></td><td></td><td></td><td></td><td></td><td></td><td></td><td></td><td></td><td></td></tr>
<tr><td></td><td></td><td></td><td></td><td></td><td></td><td></td><td></td><td></td><td></td><td></td><td></td></tr>
<tr><td></td><td></td><td></td><td></td><td></td><td></td><td></td><td></td><td></td><td></td><td></td><td></td></tr>
<tr><td></td><td></td><td></td><td></td><td></td><td></td><td></td><td></td><td></td><td></td><td></td><td></td></tr>
<tr><td></td><td></td><td></td><td></td><td></td><td></td><td></td><td></td><td></td><td></td><td></td><td></td></tr>
<tr><td colspan="3">合　计</td><td></td><td></td><td></td><td></td><td></td><td></td><td></td><td></td><td></td></tr>
</table>

会计主管　　记账　　复核　　出纳　　制单

图表附 10-42 银行存款日记账

银行存款日记账

金额单位：元

2022 年		凭证号数	对方科目	摘要	收入（借方）金额	付出（贷方）金额	结余金额
月	日						
07	22			承前页	1 569 874.00	1 385 352.00	1 710 602.00
07	22	银收 32	应收账款	力远公司货款	211 600.00		
	22	银付 76	销售费用等	弘毅单页广告		64 500.00	
07	22			本日合计	211 600.00	64 500.00	1 857 702.00
				过次页			

三、实训要求

(1) 根据各项业务处理过程要求进行银行收支业务过程模拟演练。

(2) 本日结束银行日记账进行日结。

四、实训设计

【形式】 三人一组（出纳员、制单员、业务员）进行模拟演练，根据经济业务发生情况进行模拟操作，结束后交换角色操作。

【准备】 转账支票 1 张、结算申请书 1 张、进账单 2 张、托收凭证 1 张、收款凭证 4 张、付款凭证 5 张、转账凭证 1 张、日记账 1 页(上述材料已提供,在条件许可下尽量用仿真材料)。

【评价】 本实训项目采用教师评价、同学互评、自我评价相结合的方式,具体评价项目如图表附 4-43 所示。

图表附 10-43　评价表

银行存款收支业务的处理项目评价表

阶段	评价项目	分　值	评　分
作品完成情况评价	业务 1:填制原始凭证、记账凭证	9	
	业务 2:填制原始凭证、记账凭证	9	
	业务 3:填制原始凭证、记账凭证	9	
	业务 4:填制记账凭证	6	
	业务 5:填制记账凭证	3	
	业务 6:填制原始凭证、记账凭证	6	
	业务 7:填制记账凭证	3	
	业务 8:填制原始凭证、记账凭证	6	
	业务 9:填制记账凭证	3	
	业务 10:填制记账凭证	3	
	业务 11:填制记账凭证	3	
	登记银行日记账	10	
模拟操作评价	自我评价	6	
	同学互评	10	
	教师评价	14	

实训 11　现金盘点报告表编制

一、实训目的

学习和掌握编制现金盘点报告表。

二、实训资料

2022 年 6 月 30 日,梁溪市凌空股份有限公司清查小组人员盖懿对库存现金进行清查(财务主管庄薇、出纳王风在场),当日现金日记账余额为 16 978 元,经对保险箱中的现金进行盘点,实际盘存现金 11 978 元(其中 100 元面值 109 张、50 元面值 19 张、10 元面值 11 张、5 元面值 2 张、1 元面值 8 张)。经查当日借出备用金 5 000 元因会计尚未编制记账凭证而未入账。

三、实训要求

编制现金盘点报告表(图表附 11-1)。

四、实训设计

【形式】 学生独立完成库存现金盘点报告表的编制。
【准备】 库存现金盘点报告表。
【评价】 本实训项目采用教师评价的方式,具体评价项目如图表附 11-2 所示。

五、实训单据

图表附 11-1 库存现金盘点报告表

库存现金盘点报告表

币种: 盘点日: 年 月 日

票面金额	张数	金额	票面金额	张数	金额
壹佰元			伍角		
伍拾元			贰角		
贰拾元			壹角		
壹拾元			伍分		
伍元			贰分		
贰元			壹分		
壹元					
实际盘点金额合计					
现金日记账账面余额					
加:收入凭证未入账					
减:付出凭证未入账					
调整后现金余额					
实存与账面差额					

盘点人(签字): 会计主管(签字): 出纳(签字):

图表附 11-2 评价表

库存现金盘点表编制项目评价表

评价项目	分值	评分
盘存现金填写正确	50	
未入账凭证填写正确	20	
调整后现金余额正确	10	
实存与账存差额正确	10	
其他内容填写完整	10	

实训12 银行存款余额调节表的编制

一、实训目的

学习和掌握编制银行存款余额调节表。

二、实训资料

(1)梁溪市凌空股份有限公司2022年10月31日的银行存款余额调节表(图表附12-1)。
(2)梁溪市凌空股份有限公司2022年11月的银行存款日记账(图表附12-2)。
(3)梁溪市凌空股份有限公司2022年11月的银行对账单(图表附12-3)。

图表附12-1 银行存款余额调节表

银行存款余额调节表

账号:430008675466338765 单位名称:梁溪市凌空股份有限公司 2022年10月31日止 单位:元

摘 要	入账日期凭证号	金 额	摘 要	入账日期凭证号	金 额
日记账余额		626 000.00	对账单余额		672 900.00
加:			加:		
1	20221029 托收3458	42 900.00	1		
2			2		
3			3		
减:			减:		
1			1	20221030 转支8764	4 000.00
2			2		
3			3		
调节后的余额		668 900.00	调节后的余额		668 900.00

图表附12-2 银行存款日记账

银行存款日记账

金额单位:元

2022年 月	日	凭证号	对方科目	摘要	借方	贷方	余额
11	01			期初余额			626 000.00
11	02	银付1	库存现金	提现备用(现支553)		3 000.00	623 000.00
11	03	银收1	应收账款	收货款(网银)	42 900.00		665 900.00

（续表）

2022 年		凭证号	对方科目	摘要	借方	贷方	余额
月	日						
11	04	银付 2	应交税费	缴所得税（网银）		60 000.00	605 900.00
11	05	银付 3	在途物资等	购材料（网银）		81 900.00	524 000.00
11	06	现付 1	库存现金	销售款解存银行	58 500.00		582 500.00
11	10	银收 2	主营业务收入等	销售商品（网银）	35 100.00		617 600.00
11	11	银付 4	应付职工薪酬	代发工资（转支 6371）		101 500.00	516 100.00
11	13	银收 3	其他货币资金	汇票多余款（汇 6743）	24 500.00		540 600.00
11	16	银收 4	短期借款	借入借款（借款单 4230）	500 000.00		1 040 600.00
11	18	银付 5	其他货币资金	办理银行本票（本 6025）		50 000.00	990 600.00
11	22	银付 6	其他货币资金	办理银行汇票（汇 0559）		100 000.00	890 600.00
11	26	银付 7	库存现金	提现备用（现支 554）		1 500.00	889 100.00
11	29	银付 8	财产保险费	管理费用（网银）		5 000.00	884 100.00
11	30			本月合计	661 000.00	402 900.00	884 100.00

图表附 12-3　银行对账单

中国工商银行梁溪台山支行对账单

账号：430008675466338765　单位名称：梁溪市凌空股份有限公司　2022 年 11 月 30 日止　单位：元

2022 年		摘　要	结算凭证	借　方	贷　方	借或贷	金　额
月	日						
11	01	期初余额				贷	672 900.00
11	03	支取现金	现支 553	3 000.00		贷	669 900.00
11	04	缴纳税款	网银	60 000.00		贷	609 900.00
11	05	贷款	网银	81 900.00		贷	528 000.00
11	06	送存现金	现缴 245		58 500.00	贷	586 500.00
	06	付家具费	转支 8764	4 000.00		贷	582 500.00
11	09	汇票余款	银汇 6743		24 500.00	贷	607 000.00
11	10	转发工资	网银	101 500.00		贷	505 500.00
11	14	收到销货款	网银		35 100.00	贷	540 600.00
11	15	付贷款办理本票	本票 6025	50 000.00		贷	490 600.00
11	16	贷款	借款单 4230		500 000.00	贷	990 600.00

（续表）

2022 年		摘　要	结算凭证	借　方	贷　方	借或贷	金　额
月	日						
11	20	办理汇票	汇票 0559	100 000.00		贷	890 600.00
11	25	付货款	网银	2 260.00		贷	888 340.00
11	30	收货款	网银		12 260.00	贷	900 600.00
11	30	收利息	网银		3 019.00	贷	903 619.00

三、实训要求

根据梁溪市凌空股份有限公司 2022 年 10 月 31 日的银行存款余额调节表(图表附 12-1)、11 月银行存款日记账(图表附 12-2)、11 月银行对账单(图表附 12-3)找出未达账项，编制梁溪市凌空股份有限公司 2022 年 11 月的银行存款余额调节表(图表附 12-4)。

四、实训设计

【形式】 学生独立完成银行存款余额调节表的编制。
【准备】 银行存款余额调节表。
【评价】 本实训项目采用教师评价的方式，具体评价项目如图表附 12-5 所示。

五、实训单据

图表附 12-4　银行存款余额调节表

银行存款余额调节表

开户银行：　　　　　　　　账号：　　　　年　　月　　日　　　　　　　金额单位：元

摘　要	入账日期凭证号	金　额	摘　要	入账日期凭证号	金　额
日记账余额			对账单余额		
加：			加：		
1			1		
2			2		
3			3		
减：			减：		
1			1		
2			2		
3			3		
调节后的余额			调节后的余额		

图表附 12-5 评价表

银行存款余额调节表项目评价表

评价项目	分值	评分
未达账查找	30	
剔除上月未达账	20	
编制银行存款月调节表	50	
合 计	100	

实训 13 编制单据移交表

一、实训目的

学习和掌握编制单据移交表。

二、实训资料

2022 年 8 月 8 日，出纳员王风下班前将当日相关凭据进行整理，编制单据移交表交会计林海。

【业务 1】 如图表附 13-1 所示。

图表附 13-1 借款单

借 款 申 请 单

2022 年 08 月08日

借款单位	销售科刘涛						
用途	出差姑苏市预借差旅费						
金额（大写）人民币陆仟元整		¥6 000.00				现金付讫	
还款计划	2022年 08 月 18 日						
领导批准	缪建新	财务审批	左薇	部门审批	许进	出纳付款	王风
借款人	刘涛	备 注					

【**业务 2**】 如图表附 13-2 所示。

图表附 13-2 费用报销单

梁溪市凌空股份有限公司 出差费用报销单

<table>
<tr><td colspan="2">出差事由</td><td colspan="3">南京订货会</td><td colspan="6">填报日期：2022年08月08日</td><td colspan="4">附原始凭证 4 张</td></tr>
<tr><td rowspan="2">月/日</td><td rowspan="2">起止时间</td><td rowspan="2">起讫地点</td><td colspan="2">车船费</td><td>途中补贴</td><td colspan="2">住勤补贴</td><td colspan="3">误餐补贴</td><td rowspan="2">旅馆费</td><td rowspan="2">市内交通费</td><td rowspan="2">行李搬运费</td><td rowspan="2">其他</td></tr>
<tr><td>车次</td><td>金额</td><td>金额</td><td>天数</td><td>金额</td><td>中</td><td>晚</td><td>金额</td></tr>
<tr><td rowspan="2">8/4</td><td>午 时 分</td><td rowspan="2">梁溪至金陵</td><td rowspan="2"></td><td rowspan="2">90.00</td><td rowspan="2"></td><td rowspan="2"></td><td rowspan="2"></td><td rowspan="2"></td><td rowspan="2"></td><td rowspan="2"></td><td rowspan="2"></td><td rowspan="2"></td><td rowspan="2"></td><td rowspan="2">1 600.00</td></tr>
<tr><td>午 时 分</td></tr>
<tr><td rowspan="3">8/7</td><td>午 时 分</td><td rowspan="3">金陵至梁溪</td><td rowspan="3"></td><td rowspan="3">90.00</td><td rowspan="3"></td><td rowspan="3">1</td><td rowspan="3">400.00</td><td rowspan="3"></td><td rowspan="3"></td><td rowspan="3"></td><td rowspan="3">960.00</td><td rowspan="3"></td><td rowspan="3"></td><td rowspan="3"></td></tr>
<tr><td>午 时 分</td></tr>
<tr><td>午 时 分</td></tr>
<tr><td rowspan="2">/</td><td>午 时 分</td><td rowspan="2">至</td><td rowspan="2"></td><td rowspan="2"></td><td rowspan="2"></td><td rowspan="2"></td><td rowspan="2"></td><td rowspan="2"></td><td rowspan="2"></td><td rowspan="2"></td><td rowspan="2"></td><td rowspan="2"></td><td rowspan="2"></td><td rowspan="2"></td></tr>
<tr><td>午 时 分</td></tr>
<tr><td colspan="3">支 出 小 计</td><td></td><td>180.00</td><td></td><td></td><td>400.00</td><td></td><td></td><td></td><td>960.00</td><td></td><td></td><td>1 600.00</td></tr>
<tr><td>预支金额</td><td>3 000.00</td><td>应(付 √)退金额</td><td colspan="2">140.00</td><td colspan="3">支出金额（大写）</td><td colspan="7">人民币叁仟壹佰肆拾元整</td></tr>
<tr><td>领导审核</td><td colspan="2">缪建新</td><td colspan="2">财务经理</td><td colspan="2">庄薇</td><td colspan="2">部门经理</td><td colspan="2">郭怀</td><td colspan="2">报销人</td><td colspan="2">杨建</td></tr>
</table>

（附件 4 张从略）

【业务 3】 如图表附 13-3 所示。

图表附 13-3 银行单位客户专用回单

ICBC 中国工商银行单位客户专用回单 No 963

币别：人民币　　2022 年 08 月 08 日　　流水号：276544873672786961118

付款人	全 称	梁溪市新区贸易有限公司	收款人	全 称	梁溪市凌空股份有限公司
	账 号	2043153445000563228		账 号	430008675466338765
	开户行	中国工商银行梁溪旺庄路支行		开户行	中国工商银行梁溪台山支行

金 额	人民币（大写）壹万贰仟伍佰元整	千	百	十	万	千	百	十	元	角	分
				¥	1	2	5	0	0	0	0

凭证种类	电子转账凭证	凭证号码	2202486535
结算方式	转账	用　　途	货款

打印柜员：320654202

打印机构：中国工商银行梁溪台山支行

打印卡号：432000000012986

【业务 4】 如图表附 13-4 至图表附 13-6 所示。

图表附 13-4 费用报销单

梁溪市江南股份有限公司 费用报销单

购物（或业务往来）日期：2022年 08月 08日			背面附原始凭证 2 张		
内	容	发 票 号 码	单 价	数 量	金 额
1	水费	03287298			1 000.00
2					
3					
备注：					
实报金额（大写）人民币壹仟元整			¥1 000.00		

领导审批	缪建新	财务经理	左薇	部门经理	尤刚	报销人	张敏

图表附 13-5　银行业务回单

ICBC 中国工商银行　　凭证

日期　2022 年 08 月 08 日　　业务回单　（付款）

回单编号：18062000972

付款人户名：梁溪凌空股份有限公司　　付款人开户行：中国工商银行梁溪台山支行

付款人账号：4300008675466338765

收款人账号：4996007522876633　　收款人开户行：中国工商银行梁溪五爱支行

金额：壹仟元整　　小写：1 000.00 元

业务（产品）种类　　凭证种类：00000000　　凭证号码：000000000000000000000

摘要：水费　　用途：　　币种：人民币

交易机构：0110300421　　记账柜员：00018　　交易代码：45296　　渠道：网上银行

附言：

支付交易序号：61157924　　报文种类：大额客户发起汇兑业务　　委托日期：2022 年 8 月 8 日

业务类型：普通汇兑　　指令编号：HQP14180654　　提交人：zzy01w.c.1103

本回单为第一次打印，注意重复　　打印日期：2022 年 08 月 08 日　　打印柜员：8　　验证码：OABE6CA7786

（印章：中国工商银行梁溪台山支行　自助回单机专用章　(003)）

图表附 13-6　增值税专用发票

江苏省增值税专用发票

发　票　联

No　03287298

开票日期：2022年 08 月 08 日

购买方	名　　称：梁溪市凌空股份有限公司 纳税人识别号：50706876596547A 地址、电话：梁溪市台山路 98 号　82676888 开户行及账号：中国工商银行梁溪台山支行 4300086754663387 65	密码区	

货物或应税劳务名称	规格型号	单位	数量	单价	金额	税率	税额
水费		吨	250	3.8835	970.87	3%	29.13
合计					¥970.87		¥29.13
价税合计（大写）	⊗壹仟元整		（小写）¥1 000.00				

销售方	名　　称：梁溪市自来水总公司 纳税人识别号：91323209966333342D 地址、电话：梁溪市通扬路 38 号　0510-82106688 开户行及账户：中国工商银行梁溪五爱支行　4996007522876633	备注	（印章：无锡市自来水总公司　91323209966333342D　发票专用章）

收款人：　　复核人：　　开票人：陈方方　　销售方：

第三联：发票联　购买方记账凭证

【业务 5】 如图表附 13-7 至图表附 13-9 所示。

图表附 13-7 费用报销单

梁溪市江南股份有限公司 费用报销单

购物（或业务往来）日期： 2022 年 08 月 08 日				背面附原始凭证 2 张			
内	容		发 票 号	单 价		数 量	金 额
1	业务招待费						2 500.00
2							
3							
备注：							
实报金额（大写）人民币贰仟伍佰元整				¥2 500.00			
领导审批	缪建新	财务经理	庄薇	部门经理	雍明	报销人	陆强

图表附 13-8 增值税普通发票

江苏省增值税普通发票 No 04787265

发 票 联 开票日期：2022年 08月 08日

购买方	名 称：梁溪市凌空股份有限公司 纳税人识别号：507068765965474 地址、电话：梁溪市台山路 98 号 82676888 开户行及账号：中国工商银行梁溪台山支行 43000867546633876				密码区		
货物或应税劳务名称	规格型号	单位	数量	单价	金额	税率	税额
餐饮服务*餐饮费		次	1	2 358.49	2 358.49	6%	141.51
合计					¥2 358.49		¥141.51
价税合计（大写）	⊗贰仟伍佰元整			（小写）¥2 500.00			
销售方	名 称：梁溪市九龙湾餐饮有限公司 纳税人识别号：91320200835934633q 地址、电话：梁溪市九龙湾 68 号 0510-65325777 开户行及账户：交通银行无锡新区支行 323232099663338				备注	梁溪市九龙湾餐饮有限公司 91320200835934633q 发票专用章	

收款人： 复核人： 开票人：曹锋 销售方：

第三联：发票联 购买方记账凭证

图表附 13-9 转账支票存根

中国工商银行 转账支票存根（苏） VI0342789034
附加信息
出票日期 2022年08月08日
收款人：梁溪市九龙湾餐饮有限公司
金　额：￥2 500.00
用　途：餐饮费
单位主管 缪建新　会计 林海

【业务 6】 如图表附 13-10 至图表附 13-13 所示。

图表附 13-10 费用报销单

梁溪市江南股份有限公司 费用报销单

购物（或业务往来）日期： 2022年08月08日					背面附原始凭证 2 张
内容		发票号	单价	数量	金额
1	增值税				62 400.00
2	城市维护建设税				4 368.00
3	教育费附加				1 872.00
4	地方教育附加				1 248.00
备注：5月份税金					
实报金额（大写）人民币陆万玖仟捌佰捌拾捌元整　￥69 888.00					

总经理	缪建新	财务经理	左薇	部门经理	林涛	经手人	许佳敏

图表附 13-11　银行业务回单

ICBC 中国工商银行　中国工商银行单位客户专用回单

转账日期 2022 年 08 月 07 日　　　　凭证字号:5001281801200076232

纳税人全称:梁溪市凌空股份有限公司
纳税人识别号(信用代码):50706876596547A

付款人全称:梁溪市凌空股份有限公司
付款人账号:4300086754663387 65
付款人开户银行:中国工商银行梁溪台山支行
小写(合计)金额:¥62 400.00
大写(合计)金额:陆万贰仟肆佰元整

咨询(投诉)电话:12366
征收机关名称(委托方):梁溪市税务局
收缴国库(银行)国家金库梁溪市梁溪支库
缴款书流水号:30651876549977228887 76221
税票号码:320283230001 24389

税(费)名称:	所属时间	实缴金额
增值税	20220701—20220731	62 400.00

图表附 13-12　银行业务回单

ICBC 中国工商银行　中国工商银行单位客户专用回单

转账日期 2022 年 08 月 07 日　　　　凭证字号:5001281801200076232

纳税人全称:梁溪市凌空股份有限公司
纳税人识别号(信用代码):50706876596547A

付款人全称:梁溪市江南股份有限公司
付款人账号:430008675466338765
付款人开户银行:中国工商银行梁溪台山支行
小写(合计)金额:¥7 488.00
大写(合计)金额:柒仟肆佰捌拾捌元整

咨询(投诉)电话:12366
征收机关名称(委托方):梁溪市税务局
收缴国库(银行)国家金库梁溪市梁溪支库
缴款书流水号:306518765499772288877 6236
税票号码:32028323000124402

税(费)名称:	所属时间	实缴金额
城市维护建设税	20220701—20220731	4 368.00
教育费附加	20220701—20220731	1 872.00
地方教育附加	20220701—20220731	1 248.00

图表附 13-13　电子缴税凭证

中华人民共和国
电子缴税(费)凭证

打印日期:2022-08-08　　　　税　042019 04533298

纳税人代码	31244456307453X		主管税务机关	梁溪市税务局第二税务分局			
纳税人全称	梁溪市江南股份有限公司		开户银行	中国工商银行无锡城南支行			
缴款人名称	梁溪市江南股份有限公司		银行账号	2043153445 65289321			
电子缴款书号	征收项目名称	征收品目名称	所属时期	实缴金额	缴款日期	税款属性	国库
320220318000032872	城市维护建设税	增值税附征	2022-07-01 至 2022-07-31	4 368.00	2022-08-08	一般申报	国家金库梁溪市梁溪支库
320220318000032872	教育费附加	增值税附征	2022-07-01 至 2022-07-31	1 872.00	2022-08-08	一般申报	国家金库梁溪市梁溪支库
320220318000032872	地方教育附加	增值税附征	2022-07-01 至 2022-07-31	1 248.00	2022-08-08	一般申报	国家金库梁溪市梁溪支库
金额合计	人民币柒仟肆佰捌拾捌元整			¥7 488.00			
注:1. 本缴款单凭证仅作为纳税人记账核算凭证使用,电子纳税的,需与银行对账单电子归缴记录核对一致方有效。纳税人如需汇总开具完税证明,请凭税务登记或身份证明到主管税务机关开具。 2. 打印此票的次日以后,方可到税务部门换开正式完税凭证。					(套印征收专用章) 国家税务总局江苏省税务局 电子回单 专用章		

三、实训要求

根据梁溪市凌空股份有限公司 2022 年 8 月 8 日出纳员办理的业务,编制单据移交表(图表附 13-14)。

四、实训设计

【形式】　每位同学独立完成。

【准备】　单据移交表。

【评价】　本实训项目由教师评价的方式,具体评价项目如图表附 13-15 所示。

五、训练单据

图表附 13-14　单据移交表

单据移交表

日期	编号	单据张数	摘要	金额	移交人	接收人	备注

图表附 13-15 评价表

单据移交表项目评价表

评价项目	分值	评分
业务 1	15	
业务 2	15	
业务 3	15	
业务 4	15	
业务 5	15	
业务 6	15	
书写工整	10	